南東ヨーロッパ社会の経済再建

バルカン紛争を超えて

中津孝司 *Kohji Nakatsu*

日本経済評論社

本書を母・晶子に捧げる

目　次

I　分析の視点——冷戦終結10周年と南東ヨーロッパ社会——　……　5
 (1)　冷戦終結10周年と世界秩序 …………………………　5
 (2)　冷戦終結と中東欧 ………………………　7
 (3)　本書の視点 ………………………　8

II　バルカン地域紛争の系図 ………………………………………　15
 1　コソボ紛争の政治経済学……………………………………　16
  (1)　コソボ危機の視点 ………………………　16
  (2)　危機の背景 ………………………………　18
  (3)　紛争の展開と終結 ………………………　21
  (4)　経済復興の方向 …………………………　26
  (5)　日本の支援策 ……………………………　31
 2　コソボ危機——その後の展開——………………………　37
  (1)　復興への道程 ……………………………　37
  (2)　コソボ危機の副産物 ……………………　39
  (3)　空爆の評価 ………………………………　41
  (4)　考　　　察 ………………………………　43
 3　ボスニア・ヘルツェゴビナの経済復興……………………　50
  (1)　分析の視点 ………………………………　50
  (2)　モザンビーク——市場経済への道程——…………　52
  (3)　ボスニア・ヘルツェゴビナ経済の特徴 …　54
  (4)　ボスニア・ヘルツェゴビナの経済復興 ……………　55

(5) 課　　題 ································· 63
　4 比 較 分 析 ···································· 67
　　(1) ボスニア・ヘルツェゴビナの現在 ············· 67
　　(2) スルプスカ共和国（セルビア人共和国）と
　　　　 コソボ紛争 ································ 69
　　(3) ボスニア内戦とコソボ紛争 ·················· 70

Ⅲ　バルカン紛争の歴史的視点 ························· 73
　1 民族対立の系図 ·································· 74
　2 バルカン社会の特徴 ······························ 81

Ⅳ　南東ヨーロッパ社会の経済復興と構造改革 ·········· 83
　1 ルーマニア企業の経営変革と流通機構 ············· 84
　　(1) ルーマニア社会の命運 ···················· 84
　　(2) マクロ経済の致命傷 ······················ 85
　　(3) 民営化と経営変革 ························ 87
　　(4) 流通機構と経営変革 ······················ 97
　　(5) 経 営 課 題 ····························· 102
　2 ブルガリアの産業社会と企業経営 ················· 105
　　(1) 新興経済国・ブルガリアの成立 ············ 105
　　(2) ブルガリア経済とカレンシー・ボード ······ 106
　　(3) ブルガリア産業と中小企業 ················ 110
　　(4) 民営化と経営変革 ························ 112
　　(5) 課題と展望 ······························ 117
　3 アルバニア経済社会の再建 ························ 119

(1)	コソボ紛争後のアルバニア経済 ……………	119
(2)	アルバニア経済と対外援助 …………………	121
(3)	民営化と経営変革 ……………………………	123
(4)	海外送金と民間部門 …………………………	125
(5)	総括と課題 ……………………………………	126

4　アルバニアの経済再建とクローム鉱の役割 ……………………………… 128
　(1)　アルバニア社会の混迷 …………………… 128
　(2)　経済問題の総点検 ………………………… 131
　(3)　外国貿易の特徴 …………………………… 133
　(4)　コア産業とクローム鉱 …………………… 136
　(5)　課題と展望 ………………………………… 141

5　マケドニア経済社会の変革 ……………………………………………… 145
　(1)　マケドニアの経済社会 …………………… 145
　(2)　マクロ経済の評価 ………………………… 146
　(3)　マケドニア企業の経営変革 ……………… 147
　(4)　課　　　題 ………………………………… 149

6　ユーゴスラビアの前途 …………………………………………………… 151
　(1)　ユーゴスラビアの命運 …………………… 151
　(2)　セルビアの復興特需 ……………………… 152
　(3)　モンテネグロの独立 ……………………… 153
　(4)　ユーゴスラビアの再分裂と再統合 ……… 154

7　ギリシャとトルコの位置 ………………………………………………… 156
　(1)　ギリシャ・トルコ関係の改善 …………… 156
　(2)　トルコ経済社会の歪み …………………… 157
　(3)　好調なギリシャ経済 ……………………… 159

(4) ギリシャ・トルコの立場 ………… 160
　8　南東ヨーロッパの将来像――スロベニアとクロアチア―― …… 162
　　(1) 本節の位置 ………… 162
　　(2) 改革から変革へ ………… 162
　　(3) コソボ紛争の影響 ………… 164
　　(4) 市場経済への道程 ………… 165

Ⅴ　コソボ紛争と国際関係 ……………………………… 169
　1　冷戦終結と国家主権 ……………………………… 170
　2　コソボ紛争と米中関係 …………………………… 172
　3　中国は脅威か ……………………………………… 175
　4　ロシアは脅威か …………………………………… 178
　5　日本の立場 ………………………………………… 181

Ⅵ　日本の貢献策 ……………………………………… 185
　1　日本のODA（政府開発援助）………………………… 186
　2　貢献策の質的転換 ………………………………… 188

Ⅶ　南東ヨーロッパ社会の課題 ……………………… 191
　1　南東ヨーロッパの課題とは ……………………… 192
　2　南東ヨーロッパの欧州化 ………………………… 194

あとがき ………………………………………………… 197

Ⅰ 分析の視点
　——冷戦終結10周年と南東ヨーロッパ社会——

(1) 冷戦終結10周年と世界秩序

　1989年11月9日にベルリンの壁が倒壊してから10年の歳月が流れた。この10年間はエルベ川からウラル山脈に至る共産主義が全滅した。ドイツの首都はボンからベルリンに移転した。欧州では，社会民主主義的思想による社会的硬直性（例えば，高失業率や高福祉・高負担）は根深く残存するものの，欧州の一体化が加速した。情報技術の発達に加えて，ユーロ・マージャー（欧州企業間の合併）が頻繁に発生したからである。これが欧州の社会構造を根底から変えた[1]。

　冷戦時代とは打って変わって，ビジネス空間が格段に広がった。旧ソ連邦のみならず，その衛星諸国（開発途上国を含む）までもがグローバル経済に参画してきた。民主化と市場経済への移行は，グローバル規模で定着しつつある。グローバル企業の事業展開が，結果としてグローバル経済を演出した。

　資本自由化の波に乗って，民間資本は世界を駆け巡っている。経済危機の連鎖反応という大きな懸念はあるけれども，市場経済化へのうねりは豊かな果実をもたらしたことは確実である。だが一方で，チェック体制の整備が不可欠なことも明らかになった。市場経済の体質改

善が要請されているのである。

では，政治的に世界は安定したか。あるいは安定化の方向に向かって推移しているか。答は「否」であろう。経済と政治とは不整合であり，かつ地域紛争が共産圏の脅威に代わって台頭している。20世紀の3大全体主義として，ファシズム，共産主義，イスラム原理主義を挙げることができよう。このうちファシズムと共産主義とはほぼ根絶されたと言えるだろうが，イスラム原理主義は今もって健在である。イスラム原理主義の脅威は，現在世界中で猛威を奮っている。共産主義を全世界に散蒔いた旧ソ連邦でさえもが，イスラム原理主義の脅威に曝され，その対応に苦慮している[2]。

これに加えて，民族意識の高まりを背景とした地域紛争も多発するようになった。更に，今後はエネルギー資源の争奪戦が，中央アジア，カスピ海周辺を舞台に本格的に繰り広げられていくことだろう[3]。結果的に，近い将来においても，多極化時代に沿った秩序の構築は不可能なのである。

アメリカは今，ロシアとの関係を強化すべきであるにもかかわらず，場当たり外交の連続で，それを実現できていない。哲学と理念を欠いた不毛の外交を展開しているに過ぎない。中国というファクターに振り回されて，アメリカは外交上の優先順位を決めることができないでいる。

アジアでは冷戦構造を今でも引きずっているのに，アメリカ外交はそれを念頭に置いていない。日本とロシアとが微妙な関係にあることにも配慮していない。本来なら，アメリカ，日本，ロシアの三国間戦略的パートナーシップが求められるべきはずである。アジアの新秩序はこれが機軸となる。

Ⅰ 分析の視点——冷戦終結10周年と南東ヨーロッパ社会——

(2) 冷戦終結と中東欧

　いわゆる東欧革命が勃発する以前の冷戦時代において，改革の先頭を走っていたのは旧ユーゴスラビアであった。同国は社会主義国（共産主義者同盟＝共産党の一党独裁）ではあったけれども，第三世界による非同盟運動の盟主としての役割を担っていた。経済改革の面でも，独自に労働者自主管理制度を導入して，経済活動の分権化を試みた。当時の旧ソ連邦・東欧圏（コメコン経済圏）の中では異端な存在であった。

　西側世界はここに注目して，旧ユーゴスラビアとの関係を重要視した。日本も積極的に支援した。旧ユーゴスラビアは，表面的には限りなく西側世界に近い存在だったと言えよう。

　ところが，旧ソ連邦でゴルバチョフ政権が誕生するやいなや，東欧圏に暖かい東風が吹くようになった。ゴルバチョフは生粋の共産主義者であったが，国家主権という概念を重視した。つまり，自国内では自国の主権を行使するけれども，それを行使できない東欧圏については不介入主義を貫いた。かつてのブレジネフによる制限主権論を完全に否定したわけである。共産党による一党独裁は自国内では死守できるものだとゴルバチョフは考えたのであろう。そして，ベルリンの壁の倒壊と東欧諸国の複数政党制，それに東西ドイツの統一を黙認したのであった。結果，コメコン（セフ＝経済相互援助会議）もワルシャワ条約機構も雲散霧消してしまった。

　経済改革の経験を持つハンガリーとポーランドにおいて民主化が進展した。チェコスロバキアは分裂したが，このうちチェコがその2国

の後に続いた。この3カ国へは,ドイツのフォルクスワーゲン・グループやアメリカのゼネラル・エレクトリックなどの欧米の有力企業が,サプライチェーン・マネジメントの強化を目指して相次いで進出し,供給基地に仕立て上げた。旧東ドイツも含めて,特にドイツ企業の進出が著しい。生産コストの削減と新規マーケットの開拓を実現させたドイツ企業の競争力が近年高まりつつある。

このポーランド,ハンガリー,チェコに加えて,スロベニアやスロバキアもまた,国営企業の民営化や経済活動の自由化など,経済体質の改善を奏功させている。GDP(国内総生産)に関しても,ほぼ1989年の水準を回復することができた(表Ⅰ-1参照)。

中欧では,最近資本移動が活発化してきた。これが事実上の対ユーロペッグ制を採用するインセンティブとして作用した[4]。結果,例えばチェコでは,政策レートを中立型に誘導することに奏功している[5]。中欧の証券取引所が欧州統一証券取引所への参加を目指す動きは,経済の活性化に直結する具体的な例と言えよう。

更に,1999年春には,ハンガリー,ポーランド,チェコはNATO(北大西洋条約機構)に加盟した。名実ともに,ユーロ圏とNATOへの仲間入りを達成したと言えよう[6]。資金移転に依存して,経済的に自立できていないとは言え,旧東ドイツもここに含めることができよう。

(3) 本書の視点

中欧諸国とは対照的に,実質的な革命には至らなかったのが,南東欧圏,すなわちバルカン半島諸国である。この原因を解明するのが本書の課題である。複眼的な視点から課題に取り組んでいきたい。

I 分析の視点——冷戦終結10周年と南東ヨーロッパ社会——

表 I-1 旧ソ連邦・中東欧諸国の経済実態と改革状況

	実質成長率見通し		経済復興度
	1999年	2000年	
アルバニア	8.0	5.0	86
ブルガリア	0.0	2.5	66
クロアチア	▲0.5	1.0	78
チェコ	0.0	2.0	95
エストニア	0.0	3.0	76
マケドニア	0.0	3.0	72
ハンガリー	3.0	4.0	95
ラトビア	1.5	3.0	59
リトアニア	0.0	2.5	65
ポーランド	3.5	4.5	117
ルーマニア	▲4.0	1.5	76
スロバキア	1.8	1.5	100
スロベニア	3.5	3.5	104
(中東欧圏全体)	1.6	3.2	95
ロシア	0.0	1.0	55
ウクライナ	▲2.5	0.5	37
(旧ソ連邦全体)	▲0.0	1.1	53

(注)成長率見通し単位%，▲はマイナス。経済復興度は89年GDPを100とした場合の98年の水準
(出所)『日本経済新聞』1999年11月9日より。

　本書では，コソボ紛争を考察することから議論を開始したい。「コソボ紛争の政治経済学」を基調論文として位置づけた上で，それ以降の議論では，その内容をあらゆる点から検証を試みるという手法を採っている。

　そこでまず最初に，コソボ紛争をボスニア内戦と比較してみよう。そして次に，ボスニア・ヘルツェゴビナの現在の姿が，コソボの未来のそれとなるのか否か。この点を考えてみたい。

更に，歴史的な視点から南東ヨーロッパ社会を捉えておこう。歴史それ自体に深入りすることが本書の課題ではないので，必要最小限の事柄に留めておく。やはり，コソボとボスニア・ヘルツェゴビナを中心に着目してみたい。

併せて，バルカン半島に位置する国家の経済社会を追跡していく。厳密に言えば，スロベニアは中欧に含めるべき国であり，他のバルカン半島の国々とは比較対象にすることはできないけれども，バルカン半島諸国の将来像・理想像として位置づけた。ギリシャとトルコについても同様である。

最後に，今回のコソボ紛争の国際関係に与えるインパクトについて吟味してみたい。アメリカ，ロシア，中国，日本というファクターを注入して，その意味内容を考察する。そこから日本の貢献策へと議論を膨らませてみよう。

コソボ紛争を契機として，バルカン半島諸国の対EU（欧州連合）加盟が加速してきている。既に加盟交渉に入っている第一陣の対象国――ポーランド，ハンガリー，チェコ，スロベニア，エストニア，キプロス――に加えて，新規の加盟候補として，スロバキア，ルーマニア，ブルガリア，ラトビア，リトアニア，マルタの6カ国が新たに指定された。更には，トルコが加盟候補として正式に認められた他，ユーゴスラビアやアルバニア等も加盟対象の範囲に組み込まれることになった[7]。これは南東欧諸国にとって朗報である。

このEU加盟に備えて，中東欧諸国内の企業同士が合併して，競争力を強化する動きが速まっている。例えば，ルーマニアではタイヤメーカーのトーハンがダヌビアナ，シルビアナ，ビクトリア，ロータスを吸収合併した。その国内における市場占有率（マーケット・シェア）

Ⅰ 分析の視点——冷戦終結10周年と南東ヨーロッパ社会——

は70％に達する[8]。市場占有率を高めておかないと、EU企業に敗北するとの危機感が、M&A（合併・買収）へと走らせている。EU加盟に向けた積極的な意味での対策の萌芽と評価できよう。

他方、金融機関に関しては、欧米の有力金融機関が、中東欧諸国の政府保有株放出の受け皿となっている（図Ⅰ-1参照）。不良債権の処理など銀行経営の健全化には外国資本が不可欠との観点から、中東欧諸国は全面的に外資に依存するようになった[9]。逆に、外資なくして国営銀行の民営化やリストラを推進することは不可能なのである[10]。進出する欧米の銀行側にも、中東欧圏でリテール・ネットワークを拡大できるというメリットがある[11]。中東欧各国は今後も産業分野別に吟味しながらも、外国資本との円滑な関係を築いていくことが求められるものと思われる[12]。

ただ、EUの拡大に伴う問題も噴出している。その中で最も懸念されるのは、ヒトの移動、すなわち移民に伴う問題であろう。EU域内には、ロシアや中東欧からヒトが流入するようになった。不法移民が急増しているのである。これと比例するように、EU域内における犯罪の増加が指摘されている。例えば、イタリアにはアルバニアやコソボからアルバニア系が大量に流入する。無論、密輸に従事する者も含まれる[13]。加えて、中東欧にも移民が増加している。現在、欧州は、ロシアの脅威に代わって、全体として移民の脅威に怯えるようになった[14]。EU拡大とロシア・中東欧の民主化の負の副産物と言えよう。

バルカン半島では悲劇が繰り返された。やはりバルカン半島は欧州の火薬庫であった。コソボ紛争をそのピリオドとするには、国際社会がその英知を結集して、南東ヨーロッパ社会を支援していく以外に解決策はない。これは南東ヨーロッパが欧州の一員となれる日までの道

図Ⅰ-1　中・東欧各国別に見た銀行総資産に占める欧米銀行のシェア(%)

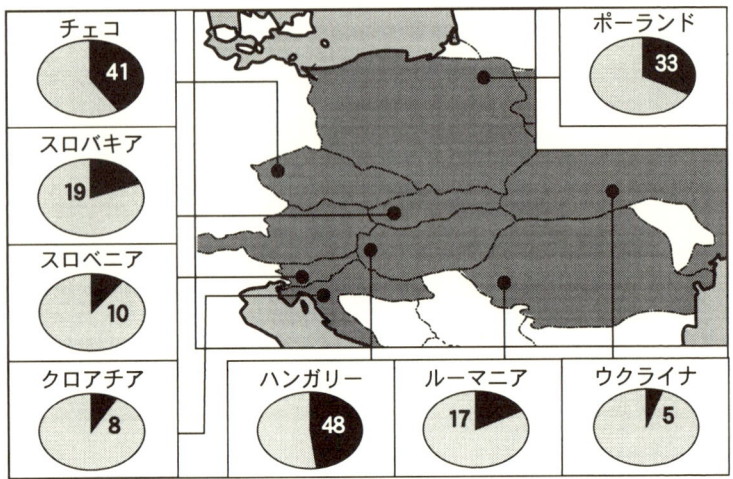

欧米銀行の中・東欧での総資産ランキング

銀行名（国名）	資産額 (億ﾄﾞﾙ)	進行の形態
①KBC（ベルギー）	940	チェコ・オブホドニ銀行を買収
②バンク・オーストリア （オーストリア）	740	ポーランド・PBK銀行などに出資
③ING（オランダ）	660	同・シロンスク銀行などに出資
④ヒポ・フェラインス銀行 （ドイツ）	620	同・産業商業銀行（BPH）を買収
⑤ウニクレジト（イタリア）	580	同・ペカオ銀行に出資

（注）ポーランド，チェコ，スロバキア，ハンガリー，スロベニア，クロアチア，ルーマニア，ウクライナの8カ国。1ﾄﾞﾙ＝約10円。
（出所）バンク・オーストリア調べ『日本経済新聞』1999年9月28日，をやや変形して作成した。

Ⅰ 分析の視点——冷戦終結10周年と南東ヨーロッパ社会——

程となる。長く，かつ険しい道程だ。

　欧州社会の安定に向かって，なすべき課題はあまりにも多過ぎる。しかし，より良い21世紀のヨーロッパを構築するには，前進あるのみである。本書では，紛争地域としての南東欧に分析の焦点を照射することで，21世紀ヨーロッパの創出には如何なる青写真が必要かを考えてみたい。

註

(1) *Business Week*, November 8, 1999, pp. 20 – 23.
(2) *The Economist*, November 13th – 19th, 1999, pp. 60 – 61.
(3) この問題については，拙編著『マルチ・パワーゲーム——エネルギー資源獲得の新段階——』（晃洋書房，近刊）の中で詳しく展開する予定でいる。
(4) IMF *Survey*, Volume 28, Number 16, August 16, 1999, pp. 262 – 264.
(5) *Business Week*, October 18, 1999.
(6) この点については拙稿「ユーロ導入と中欧企業の経営戦略」（拙編著『21世紀ヨーロッパの産業と企業経営』晃洋書房，1999年）の中で分析を試みた。
(7) 『日本経済新聞』1999年10月14日号。
(8) 同上1999年8月9日号。
(9) *The Economist*, August 28th – September 3rd, 1999, pp. 60 – 61.
(10) Michael S. Borish, Wei Ding, Michel Noël, The Evolution of the State – owned Banking Sector during Transition in Central Europe, *Europe – Asia Studies*, Vol. 49, No. 7, 1997, pp. 1187 – 1208.
(11) *Business Week*, August 2, 1999, p. 28.
(12) Valentijn Bilsen, Wim Lagae, Foreign Capital Inflow and Private Enterprise Development in Poland: A Survey, *Communist Economies and Economic Transformation*, Vol. 9, No. 4, 1997, pp. 449 – 467.

(13) *The Economist*, October 16th – 22nd, 1999, pp. 23 – 25.
(14) Christian Haerpfer, Cezary Milosinski, Claire Wallace, Old and New Security Issues in Post – Communist Eastern Europe : Results of an 11 Nation Study, *Europe – Asia Studies*, Volume 51, Number 6, September 1999, pp. 989 – 1011.

Ⅱ　バルカン地域紛争の系図

1 コソボ紛争の政治経済学

(1) コソボ[1]危機の視点

　遂に，NATO（北大西洋条約機構）がセルビアを空爆した。そして，アメリカ人の死者を出すことなく，NATO並びにコソボ・アルバニア系住民はセルビアに勝利した。欧米による対コソボ介入は，領土を含めた国益を追求したものではなく，終始人権擁護という原理原則を貫徹したものであった。それはミロシェビッチ独裁政権との闘争だった。NATO側はこの原理原則に沿って，犠牲者，難民を続出させた責任の所在を明らかにした。最終的にはNATO非加盟国のロシアを巻き込むことで，国連安保理に配慮した。

　現ユーゴスラビア（以下現ユーゴ）国内では，懸命のプロパガンダにもかかわらず，ミロシェビッチ政権に対する退陣圧力が日増しに強まっている[2]。セルビアの戦後復興支援は，ミロシェビッチ退陣後の民主化と市場経済移行とが大前提条件となっている。ミロシェビッチは退陣か亡命かの選択を迫られている。早晩，我々の前からその姿を消すことになろう。国際戦犯であるわけだから，当然である。

　しかし，南東欧地域全体の経済復興を対象にした場合，セルビア経済の再建が要となることもまた事実である。周辺国は対セルビア制裁によって多大な経済的損失を被ってきた。セルビアの民主化と経済再建は，この文脈において焦眉の急である。

Ⅱ　バルカン地域紛争の系図

　1999年7月13日，ブリュッセルでコソボと周辺国の経済復興を協議する日米欧主要7カ国による蔵相会合が開催された。漸くコソボ復興の具体策が作成される運びとなった。アルバニア系住民の住居再建や行政組織の創設など5項目の優先課題が採択された[3]。日本は2億ドルの拠出に加えて，追加支援を表明した。

　この会合に合わせる形で，戦後処理問題全体の窓口となる国連コソボ暫定統治機構（UNMIK，特別代表・クシュネル仏保健相）が初のコソボ報告書を発表した。これまでセルビア側によるアルバニア系住民に対する虐殺の実態に注目が集まっていたけれども[4]，同報告書はセルビア系住民の難民化や犯罪の増加，インフラの損壊や公共サービスの停止などを明らかにした。また，これとは別にセルビア正教会はコソボにある修道院の保護を訴えた。

　コソボを中核とする南東欧地域の経済再建は，今後本格化する。日本はそれを座視できる立場にはない。南東欧，殊にコソボの問題点を熟知した上で，日本独自の支援策を提示すべきだろう。

　そこで本章では，コソボ危機の背景を探ることを出発点として，その本質に迫っていくことにしよう。日本ではコソボ危機を民族対立の視点から捉え，その源流を歴史に求めることが多い[5]。しかし，今日のコソボ危機の原点は，冷戦構造の溶解とミロシェビッチ政権の成立とにある。この点を解明しよう。次に，コソボを含む南東欧の経済復興策を検討しよう。

　併せて，NATO軍による空爆を経て，国際関係の大潮流が変質してきている。特に，米中関係の揺らぎが明白となった。これは日本の外交戦略の練り直しとも関連する。コソボ支援策はこれを視野に据えたものでないと，その実効性が希薄化してしまう。日本の顔をした支援

戦略を提示することで本章の結論としたい。

(2) 危機の背景

　冷戦時代，旧ユーゴスラビア（以下旧ユーゴ）は西側世界にとって掛け替えのない存在だった。社会主義を標榜しながらも，非同盟ブロックの盟主だったからである。限りなく西側世界に近い国家だった。グレイ・ゾーン的な空間であった。西側世界は当時，このグレイ・ゾーンが他の中東欧地域に浸透することを密かに期待していた。旧ユーゴは社会主義圏において，政治・経済改革の先駆者としての役割を果していた。

　ところが，旧ソ連邦にゴルバチョフ政権が誕生し，ベルリンの壁が倒壊するという事態が発生した。それ以来，ハンガリーとポーランドにおいて猛烈な勢いで民主化と市場経済化とが推進された。これはアメリカの価値観と合致していた。分裂後のチェコも即刻この後に続いた。西側世界はこの3カ国を自陣営に組み込むために，あらゆる分野の援助を供与した。それは99年3月，NATO加盟に結実した。

　ベルリンの壁が崩壊したと同時に，西側世界にとっての旧ユーゴの存在価値が相対的に低下した。ハンガリー，ポーランド，チェコの変革の方がよりドラスティックだったからである。旧ユーゴを構成していた各共和国はそれらのフォロワーの地位に甘んじることになった。同国内では一気に独立気運が盛り上った。

　特に焦ったのが北部に位置し，経済的に豊かなスロベニアとクロアチアでる。内戦を経て，彼らは念願の独立を達成した。西側世界は旧ユーゴ全体を自陣営に巻き込むことを断念して，部分的に取り込むと

Ⅱ　バルカン地域紛争の系図

いう戦略に切り換えた。逆に言うと，欧米側は旧ユーゴの残りの共和国を切り捨てたことになる。

だが，それで事は終わらなかった。ここに欧米社会の判断ミスがある。ボスニア・ヘルツェゴビナでは悲惨な内戦が展開された。この点については周知の事実である。結果的にはボスニア・ヘルツェゴビナも主権国家の地位を得た。併せて，マケドニアも旧ユーゴから離脱した。現在のユーゴスラビアは残ったセルビアとモンテネグロから構成されることになった。しかしながら，モンテネグロもまた独立を悲願するようになっている。

さて，コソボ自治州はセルビア共和国の南部に位置する。面積10,900㎢，人口約200万人で，いずれも岐阜県とほぼ同程度である。同自治州においても，1990年代初めから独立志向が高まっていた。89年にミロシェビッチがコソボから自治権を剥奪していたからだ。当初の独立運動はコソボ民主同盟 (League of Democratic Kosovo) を指導するイブラヒム・ルゴヴァ (Ibrahim Rugova) を中心とする非暴力主義や地下活動に基づくそれであった。コソボ自治州議会のアルバニア系議員は90年にコソボ共和国の独立を宣言した。しかし，国際社会はこれを承認しなかった。加えて92年には，大統領にルゴヴァが選出された。

ところが，コソボ解放軍 (KLA)[6]はこのガンジー流の抵抗に不満を募らせた。KLAは元々秘密組織で，ティトー大統領の時代にまでその起源は遡ると言われる[7]。しかし，活動が活発化したのは90年代に入ってからで穏健派のルゴヴァと並ぶ勢力にまで成長した。彼らの政治姿勢はマルクス主義に基づくものであり，非妥協的でコソボの独立とアルバニア本国との融合をその政治的目標とした。

KLAが台頭するにつれて，ルゴヴァは徐々に指導力を喪失していった。コソボでは出生率が2.3％と高く，加えて人口の70％が30歳以下の若年層で占められている。併せて，失業率は70％に達していた。時間を持て余した若者がKLAに合流していく有り様は想像に難くない。97年春に勃発したアルバニア本国の動乱の際には無数の武器がKLAに流入した。98年2月23日，KLAはセルビア当局によってテロリスト・グループと断定された。コソボではアルバニア系住民が人口の90％を占有する。この点でボスニア・ヘルツェゴビナとは異なる。つまり，コソボでは本来，民族浄化は不可能なのである。そこで，セルビア治安部隊が格好の標的としたのがKLAなのであった。

　国際社会は，スロベニアの独立運動を発端とする一連の戦争に目を奪われてしまって，コソボでの動向にまで気が回らなかった。その代わりに，隣接するアルバニア本国の民主化と市場経済化とを支援した。コソボは忘れられた地域だった。西側世界は無責任だったと指摘せざるを得ない。

　コソボにおける民族対立は昨日，今日のことではない。かと言って，その源泉を14世紀に求める必要もなかろう。コソボがセルビア人にとっての聖地だとしても，今日の状況を形成した直接的な原因は，ミロシェビッチの登場とベルリンの壁の崩壊に他ならない。この点については既に述べた通りである。コソボに居住するアルバニア系住民に対するセルビアの民族浄化作戦は，如何なる理由をもってしても正当化できない。アルバニア系は被害者である。と言って，経済的自立の困難なコソボの独立は非現実的である。残された道は現ユーゴの民主化路線しかない。ところが，ミロシェビッチはこれを拒絶した。NATOが武力に訴える以外に方法はなかった。

Ⅱ　バルカン地域紛争の系図

　欧州にとってバルカン半島は依然として火薬庫である。第1次世界大戦の発火点はサラエボであった。コソボ問題は欧州全体の問題である。と同時に，NATOの存在理由とも関係する。NATOはその創設以来，旧ソ連邦軍の抑止力として機能した。だが，実際に軍事行動に踏み切ったことはなかった。セルビアへの空爆は2度目に過ぎない。大西洋からウラル山脈に位置する国家にとって，NATOは信頼に値する軍事同盟であり続ける必要がある。中東欧諸国もEUとともにNATOを必要視している[8]。NATOなくして欧州大陸の安全保障は成立し得ない。

　現ユーゴは今や欧州大陸最後の独裁国である。と同時に，ミロシェビッチは同じく唯一の独裁者である。独裁国・現ユーゴと独裁者・ミロシェビッチは欧州にとって大いなる脅威と映る。現ユーゴの暴虐は国際社会に対する挑戦であった。ミロシェビッチの息の根を止めて，現ユーゴを民主化することは，NATOのみならず日本を含めた国際社会全体の責務である。

(3)　紛争の展開と終結

　ルゴヴァ路線がコソボで主流である限り，国際社会がコソボに注目することはなかった。そこにコソボ解放軍が勢力を増してきた。ルゴヴァ路線に不満を抱くアルバニア系青年が同軍に流入した。そして，セルビアを相手にゲリラ戦を展開した。だが，解放軍は正規軍ではない。所詮ゲリラはゲリラに過ぎない。セルビア治安部隊の攻勢により，KLAは拠点を失った。勢いに乗って，セルビア側はアルバニア系住民を虐殺していった。この段階で最早，国際社会はコソボの情勢を無

視できなくなった。空爆というカードを散らつかせながら、セルビアに圧力を掛け始めた。

こうした中、99年2月6日からいわゆるランブイエ（Rambouillet）和平交渉が開始された。欧州の安全保障に関して、アメリカ・イギリスと欧州大陸諸国との間に温度差が存在したものの、フランスで和平交渉が実施されたのは、欧州が積極的に対応しようとした証左である。また、欧州における民族自決の問題を如何に処理するかを試す実験でもあった。

バルト3国は旧ソ連邦から平和裡に分離した。チェコとスロバキアは首尾良く協議離婚した。独立戦争という悲劇が繰り返されたけれども、スロベニア、クロアチア、マケドニア、ボスニア・ヘルツェゴビナは次々と旧ユーゴから離散した。同時に、ボスニア・ヘルツェゴビナ国内ではセルビア系の自治がスルプスカ共和国（いわゆるセルビア人共和国）内で実現した[9]。要するに、旧ユーゴ74年憲法の精神がコソボに適用可能なのか、アルバニア系住民による自治がコソボでどの程度まで容認されるのか、が問われたのである。

他方、欧米側はバルカン半島諸国の再分裂や再編を望んではいなかった。換言すれば、現行の国境線の変更を嫌った。多民族国家・現ユーゴを保持しようとした。同時に、バルカン半島全体に大セルビア主義や大アルバニア主義につながる危機連鎖反応が生じることにも恐れを抱いた。

つまり、ランブイエ和平会議に臨んだ連絡調整グループ（欧米とロシア6カ国）の狙いは、現行の国境線を維持した上で、コソボにおいて高度な自治権を回復させることにあった[10]。これを平和的に実現しようとした。具体的には、第1に、自由選挙によって全民族を代表す

Ⅱ　バルカン地域紛争の系図

る議会を成立することである。第2に，執行機関（大統領，政府，行政機関）を創設することだ。第3に，司法制度の設置も盛り込まれた。当然，セルビア治安部隊の撤退とKLAの解体は必要条件と見なされた。

　そして，その翌月には調印式が計画されていた。アルバニア系側はこの和平案を受諾した。ところが，セルビア側がこれを拒否した。この間，セルビア側の対コソボ攻撃は継続されていた。セルビア側は，治安部隊のコソボ駐留に飽くまでも固執した。ランブイエ和平交渉が決裂したことを受けて，NATOは現ユーゴ空爆に踏み切った。その経過については周知の通りなので，ここでは触れない。結果として，コソボは国連保護下で実質的にセルビアから独立することになった。意図せざる独立と言えるだろう。

　ランブイエ和平会議は三つの意味で失敗だった。第1には和平交渉それ自体が決裂したことである。次に，欧州主導型の話し合いによる和平が実現しなかった。欧州の無能さがまたも露呈した。第3に，国際社会が望まなかった南東欧地域での再分裂――例えば，現ユーゴの空中分解――に火がついてしまった点である。

　空爆終結後，コソボでは，セルビア系住民が次々と流出する一方，周辺国に流出していたアルバニア系住民が続々と帰還した。いずれマケドニアやモンテネグロに居住するアルバニア系もコソボに移住して来ることだろう。アルバニア本国に次ぐ，第2のアルバニア人社会の誕生となる。

　コソボでは，コソボ平和維持部隊と国際文民警察とが治安維持に努めている。やがて立法，行政，司法の各機関が設置される。コソボの大統領は議会から選出されることになろう。事実上のコソボの完全自

治が日の目を見ることになる。

　そこで問題は，通貨と治安維持の当事者の設定である。現ユーゴ全域で流通する新ディナール（Novi Dinar）をコソボで適用するのは無理だろう。経済制裁の対象国と復興支援の対象地域とに共通の通貨が流通するのは本来おかしい。暫定的にドイツ・マルクを流通させて，近い将来ユーロ（euro）に切り換えるか。それともコソボに通貨発行権を付与して，独自通貨を発行するか。いずれかが適切な措置だと思われる。後者のケースが選択されれば，コソボは実質的な独立国となってしまう。これを国際社会が認めるか否か。問題の鍵はここにある。

　次に，治安維持の問題である。現在，コソボ平和維持部隊と国際文民警察とがコソボの治安回復に全力を挙げている。一方，99年6月21日にはコソボ解放軍の非軍事化が決定された。これはKLAとNATOとの間で具体化された。武器の放棄と民兵として将来活用することが取引材料のようである[11]。セルビア治安部隊とKLAとを同時解体しておかないと，コソボは永遠に平和な土地とはなり得ない。これは最近多発した地域紛争からの教訓である。例えば，アンゴラ内戦が長期化したのは，アンゴラ解放人民運動（MPLA）とアンゴラ全面独立民族同盟（UNITA）とを同時に消滅させなかったからである[12]。

　では，将来のコソボの治安を担当する主体は何か。解体されたKLAを警察に改組するのか。正当性を有する警察組織のみが，同時に若年層の雇用の受け皿として機能するということをここでは力説しておきたい。

　もう一つKLAに関して留意点がある。たとえKLAの非軍事化を当事者が遵守したとしても，その組織としての枠組は必ず残る。既述のように，警察として正当性を付与することも一つの解決策ではある。

Ⅱ　バルカン地域紛争の系図

と同時に,政党として生き残る可能性も充分にある[13]。そうなった場合,ルゴヴァが率いるコソボ民主同盟と対立することだろう。ルゴヴァは独立を希求したけれども,ゲリラ活動はコソボをカタストロフィーに追いやるだけだとして,非暴力主義を唱えてきた。彼の敵はKLAだった。両者の対立は政治的争いに変質し,政党間のそれとなる。

加えて,コソボのネルソン・マンデーラと呼ばれるアデム・デマチ(Adem Demaci)や日刊紙『コーハ・ディトーレ』(Koha Ditore)の編集長・ヴェトン・スロイ(Veton Surroi),それにドイツのボンにあるコソボ亡命政府首相・ブヤール・ブコシ(Bujar Bukoshi)らの存在は無視できない。特に,ブコシはドイツ,スイスを中心に資金を集め,潤沢な基金を持つという[14]。

確かに,政治システムの構築は必要条件である。しかし,そのシステムを如何にして機能させるかが問われることとなろう。これは政治家を養成する過程と学習でもある。コソボでは子供から成人まで,あらゆるレベルの,かつあらゆる種類の新しい教育が要請される。

いずれにせよ,通貨と治安を巡る問題処理が今後の最大の争点となってこよう。これらの権利をコソボに付与するとなれば,それはコソボの独立を意味する。国際社会のコソボへの対応如何によっては,その独立をも地平線上に入れたものとなる。因みに,アルバニアのメイダーニ大統領はコソボ独立を支持すると言明している[15]。

更には,国境を残したままでコソボとアルバニア本国との経済交流を推進していくのか[16],それとも,アルバニア本国との合体を容認するのか[17]。民族自決が大前提条件なのかもしれないが,国際社会はこの問題に対する姿勢を明確に打ち出す必要がある。そうでないと,バ

ルカン半島で新たな紛争が勃発しよう。バルカン半島は，再度暴発の火種を抱えた危険地帯と化してしまう。予防外交が求められる所以である。

(4) 経済復興の方向

欧州諸国は，冷戦終結後，次の悲劇を未然に防ぐべく，より良い軍事・外交政策を模索し続けてきた。これは対アメリカ依存からの脱却を示唆した。EU共通の防衛・外交政策を確立することは，域内防衛産業の再編とも連動する。しかしながら，今日のコソボ紛争でその脆さが露呈した。欧州主導による地域紛争への対応はまたもや空中分解した。

今回の空爆で大活躍したのはアメリカ空軍だった。だが，EUは紛争処理でその能力を発揮しなければならない。これはEUの国際公約でもある。アルバニア系住民のコソボへの帰還や，インフラ整備，それに経済復興に必要とされる紛争処理関連費用は300億ドルに及ぶと見積られている[18]。この内，EUが250億ドル分を負担すると言明した。つまり，コソボとその周辺の復興向けにEUが今後5年間に年間50億ドルを拠出することになったわけである。

この副作用には計り知れないものがある。まず第1に，コソボを含む南東欧地域の復興・再建を約束したことが，直線的にEU財政に対する負担となる。年間2,500億ドル（GDPの3％に相当）と言われるEUの国防費からの拠出は不可能だろう。

第2に，EUのいわゆる東方拡大が加速化する。EUが南東欧への関与を深めていくと，これに比例する形でEUによる対中欧の取り込み

の速度が増さざるを得ない。バランスの問題である。対南東欧コミットメントと中欧の対EU加盟とは，EUにとって更なる費用の負担となる。併せて，南東欧に共通通貨・ユーロの浸透を狙うのであれば，南東欧諸国はインフレの抑制と対EU政治的協力とを覚悟しなければならない。

第3に，やはりEUは防衛政策を総点検せざるを得ない。既述の通り，これはEU域内防衛産業の再編（合併・買収）と結びついている。しかしながら，欧州大陸が戦場となることを思えば，安いものであろう。

それでは，コソボを含む南東欧地域全体を視野に入れた復興支援は，EUのみが関与するだけで充分なのか。これは有り得ない話である。南東欧行動計画における復興支援は三つの柱から成る[19]。第1に，人道援助である。国連が主にこれを担当する。第2に，国際収支並びに財政収支の悪化防止支援だ。ここではIMF（国際通貨基金）などがその中心的役割を担う。第3に，通信，住宅などインフラ整備に向けた長期的投資である。ここで主導権を握るのがEBRD（欧州復興開発銀行）となる。

日欧米は今後，これらの支援策すべてに関与していくことになる。この中でEUの負担が最も大きい。但し，第3のインフラ整備向け長期投資はビジネスベースで展開される。ここに復興特需を見い出せる。後述するが，日本企業もここに食い込める。人道支援のみが援助ではない。南東欧地域の復興は，日本企業にとっても，歴としたビジネスであり，ビジネス・チャンスなのである。

欧州企業は早速，復興ビジネスへの参入を目論んでいる。例えば，イタリアのAppalti Bonifiche e Costruzioniは地雷除去を，フランスの

Suez Lyonnaise des Eauxは水資源供給システムの設置を，ドイツのWalter Bauは道路，橋，空港の建設に名乗りをあげている[20]。併せて，ABB Asea Brown BoveriやSiemensは発電所や工場の修理に意欲を燃やす。

　コソボの再建費用については既に述べたが，ミロシェビッチが退陣して，セルビアで民主化が軌道に乗れば，復興特需はセルビア全体に拡大する。そのコストは500億ドルと試算されている。特需はそれだけに限定されない。南東欧は欧州の最貧地域である[21]。勿論，市場経済への移行についても国際社会からの評価は極めて低い。更に加えて，対現ユーゴ経済制裁やコソボ紛争の影響で，その周辺国は経済的損失を被ってきた。

　マケドニアでは，今回の紛争関連の経済的被害は15億ドルに達するという[22]。同国北部の国境が閉鎖されたことが原因で，その貧困化は更に進行した。同国輸出の5分の1が現ユーゴ向けだからだ。失業率は40％に達する。マケドニアではアルバニア系は癌細胞扱いされている。アルバニア系の社会進出が必要なのだが，マケドニアでは不可能だろう。民族対立を起因とする暴動が発生する恐れを内包している。

　バルカン半島の大国・ルーマニアでも事態は同様である。コソボ紛争による損失は，貿易の低迷と輸送コストの上昇で，1週間当り5,000万ドルに上ったという[23]。外国投資家がリスク回避したために，同国に流入した外国直接投資額は99年3月の2,900万ドルから翌月には300万ドルにまで激減した。

　ルーマニア経済は最近，マイナス成長に喘ぐ（97年マイナス6.6％，98年マイナス7.3％）。失業率は12％である。対外債務の返済額が今秋

Ⅱ　バルカン地域紛争の系図

で28億ドル,年末には更に10億ドルに達する。併せて,来年には20億ドル分の対外債務の返済が同国を待ち受けている。

一方,外貨準備金は僅か10億ドルに過ぎない。通貨,レウ(Leu)の対ドル相場は98年12月以降下落し,遂に半減してしまった。98年の経常赤字は35億ドルを記録した。これは同国GDP(国内総生産)の10％に相当する。

ルーマニア国内では,企業間債務並びに銀行の不良債権が拡大基調にある。銀行融資の70％が不良債権化した。このため,同国中央銀行は3行をその監督下に置いた。にもかかわらず,銀行の倒産を懸念した預金者は2億ドルを引き出していた。そこで,同国政府は2銀行と国営テレコム会社の株式を外国投資家に売却する方針を打ち出した。併せて,損益を計上する石炭・鉄鋼会社のリストラに着手した。税制改革も断行した。こうした改革への取り組みが評価されて,世界銀行から3億ドル,EUから2億ドル,IMFから4億7,500万ドルの融資が約束されたばかりである。ルーマニアの経済再建には,改革を推進する以外に方策はない。

アルバニアでもまた,コソボ紛争時の経済損失が2億ドルに及ぶ[24]。失業率は50％にも上る。同国では,通信,石油,鉱山関連の国営基幹企業を民営化する計画が立案されている。コソボ復興特需に乗じて,経済再建を目指す方針だ[25]。

こうした周辺国の状況に鑑みて,国際金融機関や先進国は南東欧諸国の改革が中断しないように配慮した。アルバニアやマケドニアは対外債務の返済が猶予された。加えてマケドニアは,アメリカから1,200万ドルの食料援助を,ドイツから2,500万マルクの経済援助を,IMFからは3,200万ドルの特別支援を得た。また,ブルガリアに関し

ては，IMF主導の下，銀行家，債権者が7億5,000万ドルを融資することとなった。このような援助は経済のファンダメンタルズの改善とは無縁だけれども，実質的な援助として作用する。結果として，周辺国のEUやNATOへの加盟気運が高まる。

99年のケルン・サミットでは，コソボ和平と関連して，南東欧地域の安定を強化していくことが確認された。日欧米社会は南東欧地域を軽視できなくなった。セルビア系住民が現ユーゴから流出しなければ，南東欧改革の機運が今後熟していく。

ボスニア・ヘルツェゴビナでは，デイトン合意以来，51億ドルの援助が流入した[26]。そのお陰で，年率39％の経済成長が実現された。ところが，現地の役人が復興プロジェクトに介入したり，賄賂を要求したことから，外国人投資家が同国から引き揚げた経緯がある。コソボの復興ではこれを教訓とすべきである。そこで，今後樹立されるであろう現地当局と切り離した支援監視機関の設立を提唱したい。賄賂を抑制し，信用リスクを低減するためである。併せて，外国資本を呼び込むためでもある。

更に近い将来，バルカン半島全域を包括する南東欧（バルカン半島）関税同盟の創設が要請されよう[27]。そして，各国通貨をユーロにペッグする。同時に，国境付近に各国が協力して経済特区を設置できれば，南東欧経済の統合度は一気に高まる。こうした構想の実現をEU，延いてはNATOへの加盟に結実させる一里塚と位置づけるべきだろう。南東欧地域一体を包括する経済空間を創出できれば，たとえモンテネグロあるいはボイボディナが現ユーゴから独立したとしても，その衝撃度を弱めることが可能となる。

また，マケドニアとギリシャとの敵対関係，トルコとギリシャやセ

Ⅱ　バルカン地域紛争の系図

ルビアとの対立構造にもメスを入れる素地が出来上がる。コソボ紛争を通して明らかになったことは，関係各国はすべて，民族対立や民族的なつながりよりもむしろ経済安全保障を優先させたという点である。この現実を忘れてはなるまい。

(5)　日本の支援策

　日本の中・東欧諸国に対する97年度までの援助実績累計（2国間ODA＝政府開発援助の実績）は表Ⅱ－1の通りである。市場経済移行に対する支援や環境分野における協力がその中心的位置を占めてきた[28]。有償資金協力ではブルガリアやルーマニアが，無償資金協力ではボスニア・ヘルツェゴビナやマケドニアが，技術協力ではポーランドやブルガリアがそれぞれ重視されており，全体として南東欧地域への資金供与が多いことが判明する。

　この日本のODA供与額が適切と見るか，少ないととるかは極めて難しい判断だが，コソボ紛争が一応の決着に至った今，日本の拠出は否応なしに増えていくことであろう。緊急援助や人道援助は，勿論重要ではある。民間レベルのボランティア活動も尊い。しかし，それ以上に肝要なのは，南東欧地域の経済を中・長期的な視点で捉えた上で，そこに着地可能な実り豊かな援助の実現であろう。これを現実のものとするには，ODAを背景にした日本企業の現地への進出が最も効果的だと思われる。援助もビジネスだと割切る姿勢が要請されよう。

　では，コソボにビジネス・チャンスはあるのか。この問題を考えてみよう。

　第1に，インフラ関連の中期的な復興特需である。既に触れたが，

表 II-1 日本の中・東欧諸国への援助額

(単位：1,000万円)

	有償	無償	技術協力
アルバニア	697.1	48.5	67.5
クロアチア	77.2	4.5	4.0
スロバキア	—	13.8	40.1
ウクライナ	—	—	0.4
チェコ	—	29.0	30.3
スロベニア	—	—	25.6
ハンガリー	491.4	37.1	471.5
ブルガリア	2,718.0	53.66	505.9
ギリシャ	—	—	33.1
ボスニア・ヘルツェゴビナ	—	1553.6	32.7
ポーランド	2,139.2	376.3	543.8
マケドニア	53.5	382.2	66.8
マルタ	—	—	26.9
モルドバ	—	0.5	3.6
ラトビア	—	—	1.7
リトアニア	—	0.5	7.1
エストニア	—	—	0.4
ルーマニア	2,198.9	66.7	263.6
旧ユーゴ地域	1,522.7	2,176.8	77.2
旧チェコスロバキア	—	—	59.6
計	9,898.0	4,752.1	2,271.9

(注) 2国間ODA＝政府開発援助の実績, 1997年度までの実績累計
(出所) 外務省経済協力局編『我が国の政府開発援助―ＯＤＡ白書―』下巻(国別援助), 1998年, 830-834ページより作成。

ここには欧州企業が触手を伸ばしてきている。日本企業の進出も期待されるところだが，ここでは別の視点を提示したい。現段階では相当程度破壊されてしまったが，コソボでも電気と水道とは整備されていた。特に，飲料水は非常に美味い。コソボ産のミネラルウォーターを現地で生産し，欧州市場で販売すれば，充分競争力を発揮できるだろう。

Ⅱ　バルカン地域紛争の系図

　ところが、コソボにはガスが供給されていない。これまでは電力でこれを補ってきた。そこで、旧ソ連邦地域から天然ガスパイプラインを南東欧地域にまで伸ばせば、南東欧にガスを安定供給できる。これは重厚長大型の日本企業の得意とする分野である。

　第2に、コソボに地下資源が眠っている点を指摘したい。ミロシェビッチ政権がコソボに執着したのは、コソボが聖地だからではない。それは国内向けのレトリックに過ぎない。資源の宝庫だからである。例えば、錫。97年の収入は10億ドルであった[29]。もう一つ石炭。コソボ産の石炭は現ユーゴの70％を占有し、埋蔵量は180億トンに及ぶ。隣国アルバニアから産出される希少金属（レアメタル）のクロームと併せたプロジェクトであれば、かなり魅力的ではなかろうか。

　南東欧地域は総じて親日的である。歴史的つながりが浅い分、正味の日本をアッピールできる。日本企業は大歓迎されることだろう。加えて、戦略的な意義もある。朝鮮半島が有事に陥った際、欧米からの支援は日本にとって不可欠である。今日、バルカン半島で日本が日本としての役割を果さなければ、その支援、特に欧州からのそれは絶望的となる。

　それだけではない。日露関係とも関連することに留意したい。コソボ紛争が終結したのは、フィンランドの存在が無視できないものの、アメリカとロシアとが緊密な連絡を保持していたからである。ロシアの反NATO、反米姿勢は国内向けのプロパガンダに過ぎない。対外的には日欧米と協調していかないと、対外債務のリストラや圧縮、それに新規融資の獲得などすべてが水泡に帰してしまう。ドイツはロシアにとって最大の債権国である。また、欧州はロシア産ガス・石油の大市場である[30]。日欧米との対立は、ロシアにとって最大の打撃となる。

コソボ紛争とケルン・サミットを通じて鮮明となった事実は，ロシアのこうした現実的対応である。中国とは決定的に異なる。

　冷戦時代とは違って，日欧米から見た中国の戦略的重要性は極度に低下した。それどころか，逆に中国の脅威が突出して久しい。対米，対日関係が悪化するやいなや，中国は北朝鮮カードや台湾カードを切ろうとする。卑怯な国である。日本としては，戦略的にロシアを日欧米側に取り込むことで，中国と対抗する態勢を整える必要性が生じている。これは中露分断戦略と位置づけられる。平和条約を締結して日露関係を深化させるには，欧米からの援護射撃が不可欠となる。コソボ問題は欧州の問題である。しかし，ロシアというアクターが登場してくると，それは日本の問題でもあることを忘れてはなるまい。と同時に，世界同時多発地域紛争に備えるための布石でもあるのだ。

　註
(1) ユーゴスラビア南部のこの地域はコソボ・メトヒヤと呼ばれる。コソボ (Kosovo) とはセルビア語でクロウタドリの土地の意であり，一方メトヒヤ (Metohija) とはギリシャ語で修道院の土地の意である。アルバニア語ではKosovëと記し，コソヴァと読むが，本書では日本の慣例に従う。
(2) *Time*, July 12, 1999, pp. 33 – 35.
(3) 『日本経済新聞』1999年7月14日号。
(4) *Time*, June 28, 1999, pp. 34 – 44.
(5) アルバニア系住民の歴史については拙著『アルバニア現代史』（晃洋書房）を参照されたい。
(6) KLAとはKosovo Liberation Armyの頭文字であり，アルバニア語ではUshtria Clirimtare e Kosovësといい，ウー・チェー・カーと呼ばれている。

(7) Chris Hedges, Kosovo's Next Masters? *Foreign Affairs*, May/June 1999, pp. 24–42.
(8) Hugh de Santis, Romancing NATO : Partnership for Peace and European Stability, Ted Galen Carpenter, ed., *The Future of NATO*, Frank Cass 1995, pp. 61–81.
(9) この問題に関しては，周辺国も含めて拙共著『現代バルカン半島の変動と再建』（杉山書店）の中で検討した。
(10) Marc Weller, The Rambouillet Conference on Kosovo, *International Affairs*, Volume 75, Number 2, April 1999, pp. 211–251.
(11) *The Economist*, June 26 – July 2nd, 1999, pp. 59–60.
(12) この件については拙著『紛争地域現代史②南部アメリカ』（同文舘）を参照されたい。
(13) *Time*, July 5, 1999, pp. 32–33.
(14) *The Economist*, June 12th, 1999, pp. 51–53.
(15) 『日本経済新聞』1999年7月4日号。
(16) Alexandra Poulakos, Relations between Albania and the European Union, *Eurobalkans*, No.25, Winter, 1996/97.
(17) American Educational Trust, *The Washington Report on Middle East Affairs*, June 1999, Vol XVIII, No.4, p. 15.
(18) *Business Week*, June 21, 1999, pp. 26–27.
(19) 『日本経済新聞』1999年6月26日号。
(20) *Business Week*, July 5, 1999, p. 29.
(21) 世界銀行による統計（1人当りGNP，1997年）によると，チェコの5,240ドルに対して，現ユーゴ1,510ドル，ルーマニア1,410ドル，ブルガリア1,170ドル，マケドニア1,100ドル，アルバニア760ドル，と低水準に留まっている（『日本経済新聞』1999年7月5日号）。
(22) *The Economist*, June 12th, 1999, pp. 51–53.
(23) *Ibid*, pp. 80–81.
(24) 『日本経済新聞』1999年7月21日号。

(25) なお,アルバニア経済の中・長期的課題については拙著『新生アルバニアの混乱と再生』(創成社)を参照されたい。
(26) ボスニア・ヘルツェゴビナの経済復興に関しては,本書Ⅱの3「ボスニア・ヘルツェゴビナの経済復興」を参照されたい。
(27) *The Economist*, June 19th – 25th, 1999, pp. 57 – 59.
(28) 外務省経済協力局編『我が国の政府開発援助―ODA白書―』下巻(国別援助) 1999年, 830 – 834ページ。
(29) *Business Week*, June 28, 1999, p. 4.
(30) この問題については拙稿「ロシア天然ガス産業の競争構造」(拙編著『21世紀ヨーロッパの産業と企業経営』晃洋書房)の中で検討した。

Ⅱ　バルカン地域紛争の系図

2　コソボ危機——その後の展開——

　以上は筆者が『世界経済評論』(1999年12月号)に寄稿した拙稿を転載したものである。同稿を執筆したのが同年7月であったこともあり,筆者の見通しが的中したか否かを点検するために,敢えて全文を加筆・修正せずに本書に収録させていただいたことをまずお断わりしておきたい(但し,数字の列挙を表にした部分はある)。以下では,コソボ紛争のその後を振り返りながら,改めて考察を試みたい。

　(1)　復興への道程

　1999年7月30日,南東欧州安定化会議がボスニア・ヘルツェゴビナの首都・サラエボで開催された[1]。この会議は,同年6月10日に調印された南東欧州安定協定の具体化に向けた出発点と位置づけることができる。そして,サラエボ宣言が採択された。同宣言では,長期的目標として南東欧諸国がEUやNATOに加盟するという将来像が打ち出された。また,南東欧地域会議が新設され,経済協力,民主化と人権,安全保障という三つの作業部会が設置されることになる。
　いずれにせよ,この会議や宣言は,EUが推進役となって,周到に準備されたものである。南東欧の復興に対するEUの熱意を感じ取ることができよう。一方,アメリカは1億5,000万ドル規模のバルカン投資基金の創設を明言した[2]。日本は2億2,000万ドルの拠出を表明した。

支援参加国からは99年分として20億ドル強の拠出表明があった。

更に加えて、EUの欧州委員会と世界銀行が主催する第2回目のコソボ復興支援国会合が、同年11月17日にブリュッセルで開かれた[3]。そこでは復興支援額を10億ドル強を上積みすることが採択された。この約半額をEUが負担する。これは2000年度の予算分に該当し、その内訳は次の通りである。復興再生計画向け9億7,000万ドル、民主化計画（マスコミ支援、選挙費用）向け4,700万ドル、人道援助向け1,800万ドル。

しかしながら、その後の情勢を観察してみると、一直線に平和と復興に向かって進展していると断言できない状況となっている。確かに、マケドニアやアルバニアに流出していたコソボのアルバニア系住民の帰還は順調に進んだ。また、コソボ平和維持部隊や文民警察がコソボの治安維持のために尽力している。だが一方で、コソボに居住するセルビア系が難民化したり、コソボに残ったセルビア系とアルバニア系とが対立するなど、民族間対立は全く解決されていない。

例えば、コソボのペーヤ（セルビア語でペーチ）では、セルビア系住民がアルバニア系に襲撃されたり、銃撃されるという事件が起こることもあった[4]。セルビア系住民がコソボ内部にセルビア人居住区・カントンを5カ所設置するように国連（UN）に要請したにもかかわらず、国連はこれを拒否した経緯があった[5]。だが、これは一つのアイデアかもしれない。

このように、セルビア系とアルバニア系の住民衝突が依然として絶えないために、コソボ暫定統治機構（UNMIK）は文民警察官の定員を5割増やすよう、アナン事務総長を通じて安全保障理事会に勧告している[6]。国連のメンバーがプリシュティーナでアルバニア系に殺害さ

れる事件まで発生したからである[7]。アメリカのクリントン大統領もコソボを訪問した際，セルビア系とアルバニア系との共存を訴えた[8]。

　軍事組織としてのコソボ解放軍（KLA）が解散し，消防や自然災害への救援活動など非軍事的な仕事に従事する民政組織・コソボ防衛隊に移行した[9]。これは大きな第一歩と評価できる。但し，治安維持には今暫くの間，コソボ平和維持部隊と文民警察官とに依存せざるを得ない。

　他方，経済復興支援の方は徐々に進んでいる。世界銀行は，コソボ復興，コソボ経済の自立に必要な支援額は3年間で20億ドルと試算した。これを受けて，世銀はまず2,500万ドルの支援を実施した[10]。また，通貨問題については，国連コソボ暫定統治機構が法定通貨として欧米主要通貨のすべて（ドイツマルク，米ドル，スイスフランなど）を認めた[11]。

　納税に関しては，ドイツマルクに限定した。従来，コソボではドイツマルクが幅広く流通していたことを考慮すれば，コソボの通貨は事実上ドイツマルクになったと言える。法的にはコソボは今もってユーゴスラビアの自治州だけれども，現実には限りなく独立国に近づいたことになる。

（2） コソボ危機の副産物

　周知の通り，NATOによる対ユーゴスラビア空爆は，周辺諸国に多大な被害をもたらした。特に，ドナウ川流域の国々の被害が深刻である。西欧との貿易の大動脈であるドナウ川が，半年以上もの間，通航不能だったからだ。流域国全体の損失は2億ドルにのぼるという[12]。

コソボ紛争の際，南東欧ではルーマニアとブルガリアが特に協力的だった[13]。これを契機として，EUがこの両国に注目するようになった。そして，両国のEUサミットへの参加が可能となった。ユーゴスラビアとの関係が緊密なルーマニアは，平和維持軍をアルバニアに派遣した。また，ルーマニアは兵力を今後2～3年で40％削減する計画である。マケドニアと深い関係にあるブルガリアは，コソボに警察を送った。

　しかしながら，ブルガリアの経常赤字は，99年には3億ドル増加する見通しである。これは上述したドナウ川通航不能が原因で，輸出が低迷しているからだ。コソボ紛争の影響で，ブルガリアのGDP（国内総生産）は2％下がった。ルーマニアの場合では，それは0.5％のマイナスとなっている。また，ルーマニアの通貨・レウは，98年12月以来，半分の価値に下がってしまった。

　後に詳しく触れるが，コソボ紛争が勃発した時，ブルガリアは危機から脱出した直後だった。2年前，ブルガリアでは外貨準備金が4億ドルにまで低下し，対外債務は100億ドルにまで積み増していた。ところが，カレンシーボード制度（本書Ⅳの2「ブルガリアの産業社会と企業経営」を参照のこと）を導入してから，経済が好転したのである。インフレ率はほぼゼロとなり，外貨準備金は26億ドルとなった。民営化についても，ルーマニアより進んでいる。さてこれからという時に，コソボ紛争が発生したのである。

　ここに加えて，モンテネグロでもドイツマルクが第2通貨として採用されることになった。同国もまた，事実上の独立国として浮上してくるだろう。日欧米社会は，南東欧諸国への支援を惜しんではなるまい。

Ⅱ　バルカン地域紛争の系図

(3)　空爆の評価

　NATOは今回の空爆を物理的に成功であることを強調した[14]。NATOとしては当然の自己点検評価であろう。しかし，戦略的視点から今回の空爆を評価しておかねばなるまい。以下では，対極にある見解を比較検討してみることにしよう。

　まず，アメリカの軍事的勝利に力点を置く見解である[15]。この見解では，コソボ危機を通じて，欧米が安全保障に対して協調姿勢を打ち出したことを評価する。そして，NATOが国連やEU，それにOSCE（欧州安保協力機構）を完全に上回る存在として君臨し，将来的にも欧州で不動の地位を占めるものと見なす。

　また，スロベニア，ルーマニア，ブルガリアなどの国々が対NATO加盟を加速していくと分析している。更には，アメリカという超大国の強大な力については，バグダッドから北京に至るあらゆる指導者がそれを認めざるを得ないと指摘した。それゆえに，欧米間の軍事力の格差は広がるばかりで，欧州はアメリカには決して追いつけないと断言した。

　従って，欧州はその経済圏の拡大と安定のみに傾倒すればよいと警告していることになる。確かに，アメリカ勢との競争に備えて，欧州の防衛大手が合併して，欧州域内で再編が進んではいる。例えば，ドイツのダイムラー・クライスラー・エアロスペース（DASA）とフランスのアエロスパシアル・マトラそして，スペインの同業大手CASAの合併から成立したいわゆるヨーロピアン・エアロノーティック・ディフェンス・アンド・スペースは，欧州同盟を形成する弾みとなるだ

41

ろう⁽¹⁶⁾。

　しかし，これが直線的に欧州の軍事力強化に結びついて，アメリカを凌ぐ勢力になることは不可能なのである。それだけアメリカの軍事技術が抜きん出ている。もって，欧州にとってはアメリカ軍の存在は所与の条件として捉えるべきなのであって，アメリカ軍に依存しない体制を構築しようとする戦略は非現実的であるし，論外なのである。この見解はこのように結論づけている。

　更に，この見解とは別に，ダイムラー・クライスラー型の欧米間の防衛企業の合併，すなわち軍事部門の協力を提唱する見解もある⁽¹⁷⁾。欧米間の防衛企業のM&A（合併・買収）を通じて，軍事力の格差を縮小することを意図している。やはり欧州が単独で軍事力の強化は不可能だと判断する立場である。もし，欧州がアメリカに対する軍事面における対抗を断念すれば，コソボ紛争関連の復興援助をその国防費の中から拠出できるのである。

　これに対して，次に紹介する見解は，政治的失敗を強調して，今回の対ユーゴスラビア空爆を戦略なき空爆と決めつけている⁽¹⁸⁾。この見解ではまず，NATOによる今回の空爆は軍事的には成功したけれども，政治的には完璧に失敗だと指摘する。この見解によると，今回の空爆の目的は，第1に，コソボのアルバニア系住民に対するセルビアによる民族浄化政策を停止させ，アルバニア系住民を救うことにあった。そして，NATOはミロシェビッチ政権の打倒を目指した。

　第2には，バルカン半島の安定である。NATOは自らの利益のためではなく，人権擁護という価値のために戦闘を展開した。つまり，NATO各国の国益のためではなく，人権という普遍的価値が侵害されれば，国家主権であっても制限されるという点をNATOが示したので

ある。

　ところが，今回の空爆の結果を見ると，コソボの自治を回復しただけであった，と同論文は喝破する。と同時に，それでは，人権擁護のためのNATOによる介入は，アフリカやアジアであってもその対象となるのか，と問いかけた。更に，今回の空爆でNATOは対中国，対ロシアの関係を悪化させたと嘆いた。ロシアがNATOのいわゆる東方拡大で神経過敏になっている時に，NATOは無闇にロシアを刺激してしまったという。

　統一ドイツが誕生した際，NATOと当時のソ連邦大統領ゴルバチョフとの間で，NATOの東方不拡大が約束されたにもかかわらず，これは契約不履行に相当すると指摘した。加えて，ボスニア・ヘルツェゴビナについても，事実上分裂してしまった——これもまたアメリカ国務長官オルブライトの政策の失敗だ，と事態を憂慮した。

　(4)　考　　　察

　今，NATOの空爆に対する二つの異なった見方を紹介したが，共通因数を抽出することも可能である。NATO軍，殊にアメリカ軍のずば抜けた軍事力，実力については双方ともに評価している。ただ，空爆後の結果に対する評価が異なっているのである。前者の見解では，欧州で勃発する紛争には今後ともNATOが介入することが望ましいとするのに対して，一方，後者の見方は，空爆を強行しても分裂，すなわち小国家の乱立を促しているに過ぎないとみる。但し，少なくとも両者の見解は，戦略的視点から分析していることに着目すべきなのである。

わが国の論壇では、NATOによる空爆を是認するか、それとも否認するかという二者択一の議論のみが展開されたに過ぎない。それゆえに、空爆には反対だけれども、アルバニア系住民の悲惨さを思うと致し方ないだろうといった、結果として第三者的、あるいは他人事として捉える傾向が強かった。極めて灰色の論調に終始していたと指摘せざるを得ない。日本外交の視点から分析する見解が少なかったことは、極めて残念である。

　筆者は今回の空爆の当初からそれを支持し、是認してきた。もっと早い時期に空爆があってもおかしくなかったと今でも考えている。この点については、本書のⅡの1「コソボ紛争の政治経済学」を読んでいただければ、御理解いただけるものと思う。

　旧ユーゴスラビアが一つの主権国家として存立できたのは、同国独自の社会主義路線を実現したティトーというカリスマが存在していたからに他ならない。そもそも単一の国家に束ねることには、相当程度の無理があった。非セルビア系のティトーが亡くなるやいなや、セルビア民族主義が再度台頭し、非セルビア系がそれに嫌悪感を抱いた。そして、ベルリンの壁崩壊後の流れと連動していったのであった。ミロシェビッチはこのセルビア民族主義を自らの保身のために利用したのである。結果として、ミロシェビッチはセルビア民族主義の頂点に立った。

　ミロシェビッチ政権による対アルバニア系住民弾圧は蛮行であり、これを否定することはできない。しかし、ミロシェビッチ政権は欧州に現段階においても存立している。このミスマッチのために、問題の根が深くなってしまった。もし欧州以外の政権であれば、国際社会の介入を招くようなことはなかったであろう。開発途上国では他にも山

Ⅱ　バルカン地域紛争の系図

ほど同じような弾圧を散見できるからである。

　だが，ユーゴスラビアは欧州に位置する。然も，欧州で唯一の独裁国なのである。NATOがこれを懸念するのは当然だろう。できることならば，ミロシェビッチ個人を抹殺して，ユーゴスラビアを民主国家に衣替えしておきたいところだろう。それをしなかっただけでも，ミロシェビッチは運が良かった。

　こういった筆者の見解を理想主義的立場の学者・ジャーナリストは，ダブルスタンダードだと非難する。しかし，現実の世界ではすべてがダブル，いやそれ以上の規準で物事が動いている。スタンダードを一律にすることは不可能であろう。それよりもむしろ，一つの理念や哲学に基づいて，戦略的に対処した方が良い。

　また，コソボに独立を託してしまうと（コソボの独立は経済的には無理だが），同じような問題を抱える欧州の他の地域もが不安定になる，という識者がいる。そして，こうした動きが大欧州という流れに逆行すると懸念する。しかし，独立を希求するのなら，独立すればよい，と筆者は思う。いずれこれらもまたEUへの加盟希望を表明するだろう。EUという枠組は，欧州における小国の誕生から発生するインパクトを抑制する緩衝装置となっている。また，欧州において不安定な地域が発生すれば，戦略的にNATOが軍事介入すれば済む。そのためにNATOが存在する。これがNATOの存在価値でもある。

　この文脈において，チェチェン紛争にNATOが介入することは充分に可能なのである。但し，この場合，戦略あるいは理念という別の次元の要素が横たわっていることに留意したい。スタンダードは一律ではない。これが現実の大人の世界であろう。

　ところで，コソボ紛争とチェチェン紛争の共通要因は，勿論ロシア

である。わが国の論壇ではまたもやアメリカとロシアの関係悪化のみを強調する傾向が強い。だが、これは事の真実を伝えていない。そんな単純なものではない。クリントン大統領は冷戦終結10周年記念演説（99年11月8日）の中でロシアとの関係強化、バルカン半島の安定、エーゲ海周辺の緊張緩和が、欧州安保の重要課題だと明言した[19]。欧州安保の要が、バルカン周辺とロシアであることには些かの変化もない。だが、ロシアにとって、日欧米は最早仮想敵国ではない。この点で対ロシア、対中国外交は異なって然るべきなのである。

　ゆえに、アメリカはロシアと破滅的な局面を避けようとしている（但し、アメリカの対ロシア外交が的を射ているとは言えないが）。然も最近では、イスラム原理主義勢力という共通の敵を共有するようになった。この客観的事実は重要である。イスラム原理主義勢力に対しては、NATOとロシアは共同歩調をとらざるを得ない。これは外交上の理念の問題である。アメリカもロシアもこの点を肝に命じておく必要がある。イスラム原理主義勢力の問題は、今や日欧米が共同で取り組まねばならない問題として浮上した。

　先ほど独立に触れたが、筆者は民族自決という原則を持ち出しているのではない。筆者は民族自決という言葉は単なる美辞麗句だと思っている。コソボのアルバニア系住民は実質的な独立を勝ち取り、東ティモールもまた名実ともに独立を達成した。だが、それが民族自決であろうか。筆者はそうは思わない。歴史的背景は異なるけれども、コソボにしても、東ティモールにしても、国際社会の支援がなければ独立は不可能だったろう。これは民族自決ではない。民族自決とは、自らの意思で、自らの力で独立を達成し、その後経済的に自立できるという内容まで含まれる。

Ⅱ　バルカン地域紛争の系図

　コソボのケースでは、アルバニア系住民が彼らだけの力では独立は無理だから、国際社会、殊にNATOを戦略的に利用したのである。ここにはアルバニア系住民、特にKLA（コソボ解放軍）の緻密な計算があった。NATOがKLAに乗せられたに過ぎない。『東京新聞』からの電話インタビューで、今回の空爆の勝利者は一体誰かという質問を受けたことがある。この時、筆者はアルバニア系住民であると答えた[20]。

　その理由は上で述べた内容に尽きる。だからと言って、アルバニア系住民を卑怯者だと揶揄したり、非難するつもりは毛頭ない。彼らの賢明な戦略だったのである。彼らの夢はここに実現した。やはりアルバニア系住民の勝利なのだ。いずれにせよ、コソボの将来が国連をはじめとする国際社会の危機管理の行方を決定するということだけは確かなようである[21]。

　ただ、筆者が告白し、反省すべきは、ミロシェビッチが依然として健在であるという点だ。この点に関しては、筆者の見方が甘かった。筆者は、経済制裁中も石油をユーゴスラビアに供給していたリビア辺りにミロシェビッチが亡命するのではないか、と考えていた。だが、この筆者の読みは的中しなかった。また表現上、一部不適切なところがあったかもしれない。

　しかしながら、それ以外については、本書Ⅱ章1節「コソボ紛争の政治経済学」で述べた内容は今なお有効だと信じている。紛争後、セルビアを除いて、復興特需が少しずつ進展してきている。これを単なる金もうけと非難する人がいるが、戦争とは元来そういうものである。復興特需に加えて、欧米がバルカン半島を建設的な視点から捉えるようになってきていることを指摘しておきたい。

　例えば、イタリアのENI（炭化水素会社）は、リビア・イタリア間

を結ぶガスパイプラインを延長して、バルカン半島と接続する構想を打ち出した[22]。それによると、その構想は、イタリアとクロアチアとを結ぶ天然ガス海底パイプラインの敷設、アルバニアにおける天然ガス利用発電所の建設、ロシア黒海沿岸の石油・天然ガスパイプラインによる対アルバニア輸送という三つのプロジェクトから成る。このプロジェクトが完成すれば、イタリアのみならずバルカン半島のエネルギー安全保障が強化されることは言うまでもない。このように、バルカン半島では、建設的な意味での復興プロジェクトが軌道に乗りつつあるのだ。

では次に、コソボの復興を考える上で、その先例としてのボスニア・ヘルツェゴビナを取り上げよう。そしてその後、コソボ紛争とボスニア・ヘルツェゴビナの内戦とを比較検討してみることにしよう。

註
(1) 『日本経済新聞』1999年7月31日。
(2) 同上、1999年7月29日。
(3) 同上、1999年11月18日。
(4) *Time*, November 8, 1999, p. 18.
　　『日本経済新聞』1999年11月2日。
(5) *Time*, September 6, 1999, p. 12.
(6) 『日本経済新聞』1999年10月30日。
(7) *Time*, October 25, 1999, p. 18.
(8) 『日本経済新聞』1999年11月24日。
(9) 同上、1999年9月21日。
(10) 同上、1999年10月8日。
(11) 同上、1999年9月4日。
(12) 同上、1999年11月5日。

(13) *The Economist*, August 7th, 1999, p. 44.
(14) Javier Solana, NATO's Success in Kosovo, *Foreign Affairs*, November/December 1999, pp. 114–120.
(15) Peter W. Rodman, The Fall out from Kosovo, *Foreign Affairs*, July/August 1999, pp. 45–51.
(16) 『日本経済新聞』1999年12月2日。
(17) John Deutch, Arnold Kanter, Brent Scowcroft, Saving NATO's Foundation, *Foreign Affairs*, November/December 1999, pp. 54–67.
(18) Michael Mandelbaum, A Perfect Failure ― NATO's War against Yugoslavia ―, *Foreign Affairs*, September/October 1888, pp. 2–8.
(19) 『日本経済新聞』1999年11月9日。
(20) 『東京新聞』1999年6月11日。
(21) Michael Hirch, The Fall Guy ― Washington's Self – Defeating Assault on the U. N.―, *Foreign Affairs*, November/December 1999, pp. 2–8.
(22) 『日本経済新聞』1999年8月4日。

3　ボスニア・ヘルツェゴビナの経済復興

(1)　分析の視点

　冷戦の終結は全世界にドラスティックな影響を及ぼした。それが契機で内戦に終止符が打たれたものもあれば，逆に内戦が勃発したケースもある。前者はモザンビークが該当し，後者はボスニア・ヘルツェゴビナが相当する。

　モザンビーク解放戦線（Frelimo）政権は南部アフリカの共産勢力の一つだったが，アンゴラと比較すると，西側には大した衝撃を与えなかった[1]。モザンビークの独立や内戦は南部アフリカの地域問題と国際社会は認識した。西側の同国に対する関心は極度に低かった。旧ソ連邦もFrelimo政権をアンゴラのMPLA（アンゴラ解放人民運動）の様には支援していない。ソ連邦による軍事援助は充分とは言えなかった。つまり，東西両陣営による介入は限られていた。それゆえにモザンビーク内戦はアンゴラのそれよりも早期に解決できた。

　Frelimoには最早Renamo（モザンビーク民族抵抗運動）と対決する体力はなかった[2]。Frelimoはマルクス＝レーニン主義を放棄し，複数政党制を容認した。それでも政権担当には執着した。そこでカトリック教会を間に挟んで和解交渉を進展させた。そして遂に停戦が実現した。Renamo側はFrelimo政権の正統性を認めた。これを受けて1992年10月4日，包括和平協定が公式に締結された。国連は平和維持軍をモザン

Ⅱ　バルカン地域紛争の系図

ビークに派遣した。

　94年10月，大統領選挙と総選挙とが同時に実施された（任期は5年）。前者ではシサノ（Joaquim Alberto Chissano）大統領が再選された。後者では定数250議席のうちFrelimoが129議席，Renamoが112議席を獲得した。Renamoは野党の立場を堅持した。名実ともにRenamoはゲリラから野党に変身を遂げた。加えて野党共闘評議会が結成された[3]。漸くモザンビークでも新しい政党政治が萌芽し始めたのかもしれない[4]。

　一方，世界を震撼させたボスニア・ヘルツェゴビナの内戦は95年10月，漸く締結した。終戦宣言は95年11月21日，アメリカ・オハイオ州のデイトン（Dayton）から世界に向けて発せられた。いわゆるデイトン和平協定の締結である。この主柱は次の三つから成る[5]。第1に，ボスニア・ヘルツェゴビナを単一の独立国家として確認することだ。同国はボスニア・ヘルツェゴビナ連邦（領土の51％）とスルプスカ（Srpska）共和国（同49％）で構成される。第2に，憲法が制定され，議会制民主主義を標榜する大統領制（幹部会が最高意思決定機関）を導入することが決定された。幹部会議長が大統領に相当する。第3に通貨発行権を享受する。中央銀行の総裁（任期6年）にはIMF（国際通貨基金）が推薦していたセルジュ・ロベールが就任した[6]。

　ボスニア・ヘルツェゴビナは独立主権国家として再出発した。支援国，国際機関は緊急的再建から持続的な経済成長へと同国経済を導いていくことを意図している[7]。本節ではモザンビークの戦後復興とボスニア・ヘルツェゴビナのそれとを比較しながら，後者の経済再建について分析を試みる。そこでまず，モザンビークの経済再建を点検しよう。次にボスニア・ヘルツェゴビナ経済の特徴を浮き彫りにした上で，その再建策を探ってみる。

(2) モザンビーク——市場経済への道程

同国経済を再建することは決して平坦な道ではない。内戦による破壊のみならず,旱ばつ,洪水,飢饉に常に見舞われてきた。資源不足も深刻だ。特に熟練労働者と外貨とが不足する。結果,輸入と対外借入とに依存する体質が定着した。輸出による外貨獲得では輸入コストの15〜20％しかカバーできない。ODA（政府開発援助）の流入はGDP（国内総生産）の60％を占拠する。97年末までに100億ドルが流入した[8]。

同国で初めて市場経済移行計画（Programa de Reabilitacao Economica）が導入されたのは87年である。価格と為替の自由化,財政赤字削減,インフレ抑制が目標とされた。同計画は後に経済社会復興計画（Programa de Reabilitacao Economica e Social）と改称されている。それ以前にも民間の小規模農業・工業は奨励されていたが,これは同国の自発的行動による。民営化や開放政策はIMFの指導に基づく[9]。

当局はまず通貨メティカルの切下げに着手した。また,財政赤字を削減するために次の施策が講じられた。所得税の増税と公的部門の賃金抑制,それに政府補助金の削減だ。更に通貨供給量圧縮のために,信用成長を抑制した上で賃金上昇は生産性の向上を前提とされた。輸入代替策と輸出振興策を通じて外貨を稼ぎ,その外貨を適正に配分,すなわち民間部門に流入させた。90〜92年期の構造調整計画では実質GDP成長率6％,経常赤字削減（対GDP比30％）,民間部門の活性化,第2次外国為替市場の創設,外国直接投資の促進,輸入アクセスの改善,工業投入供給の改善がその目標とされた。

92年3月,公的支出削減3カ年計画が打ち出された[10]。同計画を端

緒として本格的な構造改革に同国が取り組み始めた。93年には国家再建計画(戦後復興計画)が導入された。96〜98年期経済改革計画では,GDP成長率で5％を維持しつつ,98年にはインフレ率を10％に下落させようとする目標が設定された。97年には民間部門発展戦略が立案されている。

ここでは商法の見直し,投資・民間部門に対する行政的障壁の除去,公的部門の改革が検討の対象となった。財政管理改革戦略でも資源配分の効率性と透明性とが追求された。そして,インフレ率を97年の14％から99年には9.3％にまで抑え込み,同年には非エネルギー部門のGDPの成長率で5％,GDP全体のそれで11％を達成するという目標が立てられた。税制改革については98年にVAT(付加価値税)の導入が検討された。

さて,民営化の問題にここで触れておこう。

モザンビークでは民営化局(Unidade Tecnica para Reestruturacao de Empresas)が国営企業の民営化を統轄する。まず700社(うち大企業は40社)を民営化し,更に大手企業20社をその対象とする。98年末には民営化は完了する。大手企業の中には国営航空(Linhas Aereas de Moçambique),国営銀行(Banco Popular de Desenvolvimento),保険会社が含まれる。関税業務も民営化の対象だという。鉄道港湾会社(Companhia de Portos e Caminhos de Ferro de Moçambique)は鉄道と港湾とに分割された後,売却される予定である。

このように同国はここ10年間,IMF管理国家と化してしまったが,その見返りとして援助資金が流入した。これをテコに経済復興が進められている。農業・漁業立国化は正しい道だが[11],これのみでは不充分だ。インフラ整備を前提として,援助から投資へをキーワードに農

業・漁業関連分野に外資を中心に投資を強化する必要がある。併せて，南アフリカ共和国など周辺国との経済関係を強化するなど，規模の経済の効用を再考すべきだ。それには南部アフリカ諸国が共同で輸送・通信面のインフラを整備せねばならない。それがアフリカン・ルネッサンスを実現する最短距離となる。

(3) ボスニア・ヘルツェゴビナ経済の特徴

旧ユーゴスラビア時代，ボスニア・ヘルツェゴビナは輸出市場向け製品のための原材料や工業製品を生産していた。反面，消費財生産は少なかった。製品産出を担当したのは12社に及ぶ大規模コングロマリットであった[12]。それは生産から流通までを包括する垂直統合組織を成していた。主に輸出主導型の企業グループである。それらは同国GDPの35％を創出し（戦前），然もその4社で旧ユーゴスラビア輸出全体の40％を占有していた（89年）。

外国企業との合弁事業を経験していたのも特徴の一つである。しかし，旧ソ連邦や開発途上国に武器を輸出したグループはマーケットと流通チャネルとを同時に失った。また安価な労働力と補助金とに依存していたために，生産は非効率的で，生産性は西側企業の60％程度に過ぎなかった（一般企業ではその40％という）。

例えば，エンジニアリングのエネルゴ・インベスト（Energo - invest）は同国最大の輸出企業である[13]。主要輸出品目は製造業品，機械，輸送設備だ。その他，鉱業・冶金のRMK Zenica，木材のSipad，金属作業のUnis，農業・食品のUPIを挙げられる。

鉱業部門では石炭が採掘される。カカニやツズラから産出され，周

Ⅱ　バルカン地域紛争の系図

辺には火力発電所が建設されている。その他，鉄鉱石，鉛，ボーキサイト，亜鉛，重晶石，岩塩，セラミックスの原料などが埋蔵される。石油やガスは輸入に依存する一方，水力発電は充実している。

　工業部門では製材，テキスタイル，セラミックス，エレクトロニクスがその主流となっている。テキスタイル分野は戦争中も生産を続け，例えばボラッツ・トラヴニック（Borac Travnik）社はドイツやスイスの企業の下請を担当した。エレクトロニクス分野ではサラエボの電気設備プラント，同機械・設備プラントが著名だ。ゴラジュデやコニッチの弾薬工場は中央政府の管理下，ヴィテッツの爆薬工場はクロアチアの管理下に置かれた。軍需品を産出していた点も同国産業の特質と言える。軍民転換という課題が横たわっている。

(4)　ボスニア・ヘルツェゴビナの経済復興

経済の現状

　各自治政府の経済復興策を検討する前に，最近のマクロ経済実績をサーベイしておこう。

　実質GDP成長率は96年で50％，97年で30％（推計値）だった[14]。98年については35％の予測である。工業成長率は97年1～8月期で38％（97年45％，98年40％の予測）と高い伸びを達成したが，それでも91年水準の15％に過ぎない。然も電力生産に依拠したものだった。因みに96年のGDP寄与度は次の通りである。

　工業部門では連邦20.7％，スルプスカ32.6％，農業部門では連邦12.6％，スルプスカ16.4％。国民1人当りGDPは91年の1979ドルから95年に501ドルにまで低下した。97年5月現在の平均月間賃金は連邦

で260マルク，スルプスカで84マルクと，スルプスカの方が経済水準が低い。セルビアの責任は重い。

消費者物価上昇率は96年末で連邦3％，スルプスカ9％と落ち着いていたが，その後上昇傾向にある。食品やサービスの輸入が増えたためだ。失業率は97年半ばで連邦48％，スルプスカ68％とされているが，現実にはもっと高いかもしれない。

さて，96年の貿易赤字は15億4,600万ドルだった（その赤字額は97年23億ドル，98年22億ドルの予測）。96年の赤字幅でもGDPの50％に匹敵し，これを対外援助と海外送金が補填した。結果，経常赤字は1億3,400万ドルで，GDPの26％となる。対外債務はGDPの1.5％に達する（96年）。

輸出構造を見ると（輸出額は3億3,600万ドル），半製品工業財23.9％，原材料26.4％，製造財19.0％，機械・輸送設備25.4％，その他5.3％，輸入構造は（輸入額は18億8,200万ドル）機械・輸送設備25.3％，食料品25.1％，半製品工業財17.0％，化学製品10.7％，製造財8.8％，その他13.1％となっている。

貿易相手国は次の通りである。輸出ではクロアチア30.8％，スロベニア16.4％，ドイツ14.4％，アメリカ12.3％，イタリア10.1％，オーストリア3.1％，輸入ではクロアチア24.9％，スロベニア19.3％，イタリア15.6％，ドイツ12.3％，オーストリア4.1％，アメリカ1.1％。

カントリー・リスクが高いにもかかわらず，外国企業が少しずつ進出し始めた。ドイツのフォルクスワーゲン（FW）は国営企業Unisと乗用車の共同生産を再開する[15]。実に6年ぶりの生産再開である。両者はフォルクスワーゲン・サラエボを設立した。FW側が58％，残余をUnis側が出資した。FWグループ各社への部品供給も含まれる。ま

た，ドイツ最大の製薬会社ヘキスト（Hoechst）もモスタル・プリン（Mostar Plin）の株式を購入した。200万マルクをプラントの建設や既存設備の近代化に投資する。そして，工業用ガスの生産とマーケティングに力を入れる。

　96年6月にいわゆるクイック・スタート・パッケージが始まり，マクロ経済の安定化に尽力する同国だが，依然として公的支出の40％を国際社会に依存する（96年）。援助から投資へ，あるいは回復から持続的成長へ同国経済を導くのは今後の課題である。ポイントとなるのは外国企業による直接投資の動向である。今のところ国際基金プロジェクトへの参加でそれが実現している。

連邦の経済再建

　工業生産再生計画を通じて工業部門を立て直すことになっている[16]。この復興に必要な投資は85億ドルとされる。基金にも12億ドルが必要で，それは民間企業向け1億3,000万ドル，国営企業向け10億7,000万ドルとされる。対象となる分野は食品，金属加工，建設資材，衣料，履物，冶金，印刷，化学，木材加工，電気設備である。

　農業復興向けにも3億3,000万ドルの投資が必要だと見積もられている。エネルギー部門の再生には10億ドルが投下されねばならない。同部門には世界銀行が協力して5億3,000万ドルを供与する。電力（水力，火力）は自給可能だが，石炭生産が低迷しているために，2億9,500万ドルを投入して生産の増強を図る課題が残っている。ガス供給の復興にも1億9,200万ドルが必要だという。セントラル・ヒーティングには1億1,500万ドルの資金が要される。その他，住宅，教育，輸送・通信などの分野の再建も必要だ。

連邦が目指す標的は第1に，市場経済への移行である。それは経済成長や雇用創出と表裏一体の概念だ。自由市場価格への転換や為替・貿易システムの自由化は必須課題である。

　次に，銀行と企業，殊に大規模企業を民有化することが要請される[17]。この民営化は始まったばかりである。これについては後に詳述する。外国企業の進出を含めた民間部門の創出も重要である。これは生産，流通などあらゆる分野に亘る。

　第3に，中小企業の育成と支援である。ベンチャー・キャピタル基金も不可欠だろう。同国では従業員50人以下，年間取引額50万マルク以下の企業を小企業，従業員500人以下，同500万マルク以下の企業を中企業と定義されている。現在，中小企業は15,000社を数え，その内4分の3が民間企業だという。但し，その大半は従業員15人以下の零細企業である。なお，民間部門がGDPの15〜20％を創出するという。

　中小企業の事業分野は商業，貿易，観光，輸送がその中心であるが，今後は建設資材，サービス，金属加工，木材加工の各分野で戦後の復興需要が見込まれよう。だが，融資やその情報が不足している。国営銀行が信用を供与できる環境ではない。ビジネス・サービス（新市場情報，テクノロジー，経営ノウハウ）も皆無に等しい。商工会議所の活躍が期待される所以である。自治政府レベルの研究・開発計画や人的資源の開発の必要性は指摘するまでもない[18]。

　第4に，リベラルな経済法の整備である。ここでは現在施行されている主な法令に触れておこう。外国貿易法では外国貿易活動を保証するだけでなく，コンペンセーション取引（補償取引）も認められている。また，いわゆるフリーゾーンのための自由貿易地域法も成立して

いる。自由貿易地域内では輸出入税は不要で，所得税のみの課税となる。外貨の自由処分権が進出企業側に付与され，併せて外貨建て融資を得られる。同域内ではすべてが外貨表示で価値が示される。なお土地の賃貸借期限は30年間である。外国投資法によると，関税は賦課されない。利益の再投資もまた免税の対象となる。国内銀行における長期利益貯金も免税である。

　企業法では経営形態が明らかにされている。株式会社を組織する場合，資本金は2万マルク以上で，その内現金が25％を上回っていなければならない。有限責任会社のケースでは資本金は1万マルク以上，個人会社は同1,000マルク以上と規定されている。銀行法によると，設立する際の最低貯金額は250万マルクで，これが株式資本となる。銀行準備金は25万マルクである。企業利潤法によると，利潤税は一律36％だが，免税措置があって次のように設定されている。新規企業の場合，設立1年目は100％の免税，2年目は70％，3年目は30％の減税となる。但し，過疎地に創設された新規企業については3年間の免税である。既述のフリーゾーンでは5年間の免税という特典が与えられる。加えて，職業訓練のような事業や利益の15％以上を再投資に振り向けた場合も免税となる。

スルプスカ共和国の経済再建

　農業部門は発達していて，食料の自給自足は可能な水準にある[19]。農業は同国の主要産業だ。農地の90％は私有化された。

　工業部門では国営大企業がその80％を支配しており，輸出主導の企業が多い。中でも自動車産業が花形と言える。トラックのディーゼル・エンジンやエンジン部品の生産はファモス（FAMOS）社が担当す

る。同社は年間1万台のエンジンを生産する。技術はダイムラー・ベンツ社から供与された。乗用車生産はウニス（Unis）社とフォルクス・ワーゲンとの合弁で進められる。年間で5億マルクの輸出が可能だという。

エレクトロニクス分野ではバニャ・ルカにあるルーディ・ツァヤヴェッチ（Rudi Cajavec）社が主要メーカーと位置づけられる。エンジニアリング，非鉄冶金（ボーキサイト加工プラント等）の各産業も発達する。エルシングラード（Jelsingrad）社は機械生産メーカーである。インドゥストゥリヤ・アラタ（Industrija Alata）社は工作機械・染料の生産メーカーで，年間64,000台を生産し，内70％を輸出する。ボールベアリング生産ではスウェーデンのSKF社（出資比率23％）との合弁企業が事業展開する。

なお，同共和国には原油と天然ガスが埋蔵される。原油埋蔵量は2,260万トンと言われる。その年間精製能力は500万トンで，国内市場以外では旧ユーゴスラビアが市場となる。併せて，アドリア海へと抜けるパイプラインが敷設される。

では，マクロ経済政策を議論の対象としよう。通貨政策の中核は第1に，企業から政府までを包括したハードな予算制約の貫徹である。第2に中央銀行の独立性を保持することだ。第3に商業銀行の発展である。財政政策では財政の均衡化が柱となる。その柱は税基盤の拡大と財政赤字の抑制との2本柱である。前者については，生産が回復した後に所得が増加すれば自ずと可能になろう。重税は闇経済を生むだけなので避けた方がよい。

具体的には個人所得税と法人税の引下げと付加価値税（VAT）の導入である。年金や失業保険向けの基金は社会の安定と金融市場の発展

Ⅱ　バルカン地域紛争の系図

のために必要である。厚生や教育を含めて公的部門も商業化していかねばならない。対内外インバランスとハイパー・インフレの芽を摘み取っておくことも要請される。

　同共和国の開放政策を支えるのは現実的な為替政策である。これが金融システムの信用を強化することに結びつく。次に，外国直接投資を積極的に受け入れる政策だ。資本の自由化にもこの方針は重要である。第3に反ダンピング政策であるが，これは貿易の自由化措置と表裏一体のものである。最後に，輸出刺激策を通じて競争力を強化していかねばならない。

　価格政策との関連では，財・サービスの自由化と反独占政策とは一対の性格のものである。従って，国営企業の商業化を促進する必要がある。但し，国内産業保護政策も同時に実施される。その対策は小麦，ミルク，とうもろこし，糖大根，オイル・ベアリング・プラントである。所得政策は次の三つの視点から成る。第1に労働市場を構築することである。第2に福祉メカニズムの創設である。生活保護の最低水準を明確にしておくことがその目的だ。第3に金融機関の発達である。

　最後に開発政策にメスを入れよう。投資政策の目的はまず，企業の構造的な適応性を高め，生産に対する刺激を促進することである。次に物理的な生産能力の改善である。そして，輸出入を増強していく。産業政策の中核はとにかくインフラの整備と生産支援にある。その他エネルギーの効率的利用，中小企業の設立，投資保護，建設産業の新規進出なども重要な政策となる。農業発展政策の重要点は生産性と所得を同時に向上させることである。その際，補助金などの資源配分が考慮されなくてはならない。

表 II-2 ボスニア・ヘルツェゴビナ連邦：カントン別民営化対象企業

カントン	合 計	小規模民営化	戦略的民営化	大規模民営化
Unsko-Sanski	157	50	20	87
Velezupa Posavska	54	11	4	39
Tuzlansko-Podrinski	379	135	35	209
Zenisko-Dobojski	337	157	37	143
Gornjepodrinski	31	11	0	20
Srednobosanski	255	86	33	136
Neretvamjski	253	90	15	148
Zapadno-Hezegovacki	48	14	5	29
Sarajevo	714	300	41	373
Zapadnobosanski	60	18	7	35
合 計	2,288	872	197	1,219

(出所) The World Bank, *Bosnia and Herzegovina —From Recovery to Sustainable Growth—*, The World Bank, Washington, D. C., 1997, p. 44.

民 営 化

　民営化には連邦，スルプスカそれぞれのレベルでアプローチが異なる。連邦では連邦とカントン（一種の郡）ごとに民営化局が創設され，前者がガイドラインを後者に提示し，後者がカントンレベルの民営化を統轄するという仕組みになっている[20]。民営化対象企業（2,288社）は表II－2の通りだが，その前提は企業がバランスシートを公表することである。中・大企業の民営化はオークションあるいは入札によって，小企業のそれは入札で進められる。

　一方スルプスカ内では200社が民営化の対象となっている。ただ，民営化の手法が連邦と異なる。連邦では株式100％の対民間放出が念頭に置かれているのに対して，スルプスカでは投資家に売却されるのは全株式の15％のみである。株式の30％に関してはバウチャー方式により市民に配布される。残余の55％分は投票権のない社会的基金

に流入する。年金に配慮したものだが，政府がここに介入する恐れが生じる。スルプスカの民営化は再検討されねばならないだろう。

　更に厄介なのはコングロマリットの民営化である。その独占を阻止するには分割・民営化の方向が適切だろう。民営化企業を含めて民間部門の育成には政府，ひいては国際社会の支援が要求される。その条件はまず第1に旧ユーゴスラビア時代の法律を全て廃棄処分し，新たな法体系を樹立することである。次に，所有権の強化を図らねばならない。そうでないと住宅の私有化が困難となる。第3に税体系の確立である。

　一般企業の民営化が進むと，次に取り組むべき課題は金融機関の民営化となる。現在同国内には53行の金融機関があるといわれる[21]（連邦42行，スルプスカ11行）。53行のうち民間銀行は30行（同27行，3行），国営系が23行（同15行，8行）である。この国営系銀行の多くは旧ユーゴスラビア時代（1989～90年）にPrivredna銀行から発生したものである。同国の国家規模を考えると，吸収・合併によって規模の適性化と体力の強化を図る必要がある。国営系が抱える不良債権を処分しておくことも忘れてはなるまい。外国資本（戦略的投資家）も必要だろう。バンキング部門にも国際社会からの技術援助が要請される。

（4）課　　題

　モザンビークは国際社会からの援助で経済再建を軌道に乗せた。IMFの支援については賛否両論だけれども，援助に国家再建を頼るのは選択肢の一つと位置づけられる。モザンビークの経済発展はアフリカにおける一つの光明となっている。

ボスニア・ヘルツェゴビナの再建もまた国際社会からの支援なくして実現し得ない。援助により立ち上がった経済を市民の力で持続可能な成長へと導いていけばよい。経済的に豊かになれば，対立要因は一つずつ解消されていく。

　セルビア人はスルプスカ共和国をあたかも独立国家のように捉えているが，ボスニア・ヘルツェゴビナ全体が独立国家であって，連邦と共和国とは自治政府に過ぎない。セルビア人が何時までも自閉症的思考を続けていると，国際社会はスルプスカ共和国を支援しなくなる。これはセルビア人にとって最大の打撃となる。連邦，共和国それぞれのレベルで戦後復興に尽力し，結果としてボスニア・ヘルツェゴビナを名実ともに独立主権国家へと昇華させること——これが同国に課せられた宿題なのだ。この地道な努力なくして，国家の繁栄は有り得ない。

　戦後復興は市民1人1人の努力に依拠している。同国の安定がバルカン半島全体のそれに寄与する。

註

(1) Abiodun Alao, *Brothers at War —Dissidence and Rebellion in Southern Africa—*, British Academic Press, 1994, pp. 45 – 81.

(2) Tom Young, From the MNR to RENAMO : Making Sense of an African Counter-Revolutionary Insurgency, Paul B, Rich, ed., *The Dinamics of Change in Southern Africa*, Macmillan, 1994, pp. 149 – 174.

(3) 共同通信社『世界年鑑』1998年，360ページ。

(4) Carrie Manning, Constructing Opposition in Mozambique: Renamo as Political Party, *Journal of Southern African Studies*, Volume 24, Number 1, March 1998, pp. 161 – 189.

Ⅱ　バルカン地域紛争の系図

なお,モザンビーク内戦については以下を参照されたい。拙著『紛争地域現代史②南部アフリカ』同文舘,1993年,101‒118ページ。拙稿「南部アフリカ経済圏」(梅津和郎編著『新・開発経済学』晃洋書房,1993年,153‒160ページ)。拙共著『新興成長市場・南部アフリカ』嵯峨野書院,1999年。

(5) EIU, *Country Profile —Bosnia–Hercegovina, Croatia, Slovenia —*, The Economist Intelligence Unit, 1995‒96, pp. 3‒23.

(6) 『日本経済新聞』1996年10月30日。

(7) Reconstruction Cabinet of the Government of Bosnia and Herzegovina, *Bosnia and Herzegovina —By Reconstruction towards Modern Economy —*, 1997.

(8) *Africa, South of the Sahara*, 1998, Europa Publications Limited, 1997, pp. 719‒726.

　Euromoney, May 1998, p. 100.

(9) Merle L. Bowen, Beyond Reform: Adjustment and Political Power in Contemporary Mozambique, Paul B. Rich, ed., *op. cit.*, pp. 120‒148.

(10) EIU, *Country Profile 1997‒98, Mozambique*, The Economist Intelligence Unit, 1997, pp. 11‒40.

(11) Nikos Alexandratos, Food–Production Potential of African Lands and Projections to 2000, Archie Mafeje, Samir Radwan, eds., *Economic and Demographic Change in Africa*, Clarendon Press, 1995, pp. 143‒166.

(12) The World Bank, *Bosnia and Herzegovina–From Recovery to Sustainable Growth —*, The World Bank, Washington, D. C., 1997, p. 47.

(13) EIU, *Country Profile —Bosnia–Hercegovina, Croatia, Slovenia —*, op, cit.

(14) *Ibid., —Bosnia and Hercegovina, Croatia, 1997‒98 —*, The Economist Intelligence Unit, 1997, pp. 1‒28.

　Ibid., —Bosnia and Hercegovina, Croatia, 4th quarter 1997 —, The Economist Intelligence Unit, 1997, pp. 1‒18.

(15) 『日本経済新聞』1998年7月8日。

付表 比較経済指標 (1995年)

	モザンビーク	ボスニア・ヘルツェゴビナ
GDP(10億ドル)	1.5	2.105
国民1人当り GDP(ドル)	80	501
消費者物価上昇率(%)	54.1	連邦 − 12 スルプスカ + 133
経常収支(10億ドル)	− 0.68	—
財輸出(10億ドル)	0.174	0.152
財輸入(10億ドル)	0.727	1.082

(出所) EIU, *Country Profile 1997-98, Mozambique*, 1997, The Economist Intelligence Unit, p. 12, 並びに The World Bank, *Bosnia and Herzegovina —From Recovery to Sustainable Growth—*, The World Bank, 1997, p. 7, p. 100 より。

(16) Edin Zametica, Emir Kurtovic, *Country Report*, Working Paper, Training Course in Japan's Small Business Policy for Bosnia and Herzegovina, Osaka, February 17 – March 9, 1997.

　　AICReD, *Bosnia and Herzegovina Reconstruction and Investment Opportunities 2*, Sarajevo, pp. 15 – 49.

(17) Chamber of Economy of Bosnia and Herzegovina, *Economic Map of Bosnia and Herzegovina*, June 1996.

(18) Milenko Dostic, Izudin Alatovic, Alija Sahinovic, *The Aplicability of Janan's Small and Medium Business Policy to Bosnia and Herzegovina*, Japan International Cooperation Agency, Osaka International Center, February 2 – February 22, 1998.

(19) The Government of the Republic of Srpska, *Republic of Srpska*, 1996.

　　Ratko Stjepanovic, Zoran Milivojevic, *Small Business and Economic Reconstruction in Republic of Srpska —Bosnia and Hezegovina—*, Japan International Cooperation Agency, Osaka International Center, February 2 – February 22, 1998.

(20) The World Bank, *op. cit*, pp. 41 – 50.

(21) *Ibid*, pp. 51 – 63.

Ⅱ　バルカン地域紛争の系図

4　比　較　分　析

(1)　ボスニア・ヘルツェゴビナの現在

　ボスニア・ヘルツェゴビナに対する国際的支援は1996年から開始されたが，98年末までに28億ドルが実行された（約束ベースでは51億ドル）[1]。この結果，道路，通信，電力，給水などのインフラは，内戦前の90％の水準にまで回復した。フォルクスワーゲンは98年に同国で生産を再開したが（フォルクスワーゲンと現在の国営企業とによる合弁会社が製造を担当），2000年以降，小型車の生産を現状の年産1万台弱のペースから同3万台へと大幅に引き上げることになった。フォルクスワーゲン・グループは，チェコ，ポーランドを含めて，中東欧に広がるグループの製造拠点を整備する方針を打ち出している[2]。また，マクドナルドが同国に進出することになった[3]。

　しかしながら，それでも同国全体の失業者数は40万人を超える（表Ⅱ-3参照）。一方，実質賃金は月間330KM（コンバーティブル・マルカ＝1998年6月に導入されたドイツ・マルクと等価連動の新通貨）に留まっている（98年12月現在）。国民1人当りGDP（国内総生産）は500ドル程度である。

　この経済実績をボスニア・ヘルツェゴビナ連邦（以下連邦）とスルプスカ共和国，いわゆるセルビア人共和国（以下スルプスカ）とに分けて，もう少し詳しく数字を列挙したのが表Ⅱ-3である。失業率が

表 II-3 最近のボスニア・ヘルツェゴビナ経済

	ボスニア・ヘルツェゴビナ連邦	スルプスカ共和国
失業者数(人)	262,609(99年3月)	142,152(99年1月)
被雇用者数(人)	407,064(99年3月)	約25万人(99年1月)
失業率(%)	39(99年3月)	36(99年1月)
実質賃金(KM)	365.1(99年3月)	200(99年4月)
小売価格上昇率(%)	－0.2(99年4月)	2.6(99年4月)
	－0.2(年間)	12.7(年間)
生活コスト上昇率(%)	－0.1(99年4月)	5.0(99年4月)
	0.0(年間)	16.4(年間)
工業生産伸び率(%)	1.5(99年4月)	14.6(99年3月)
	11.7(年間)	15.9(年間)

(出所) Office of the High Representative, *Economic Reform and Reconstruction in Bosnia and Herzegovina*, Sarajevo, June 1999.

極めて高い一方で、工業生産の伸び率も高いという事実が、二つのエンティティーの共通社会現象であるが、連邦とスルプスカの経済は質的に異なる。連邦ではインフレ懸念がほぼ払拭された一方、スルプスカは、セルビアとの経済的結びつきが強いこともあって、インフレが恒常化している。然も、賃金もまた連邦よりも低い水準に留まっている。

ただ、冒頭で述べたように、国際社会からの支援は絶え間なく流入し続けている。99年3月20日と21日の2日間に亘って、第5回債権国会議がブリュッセルで開催された[4]。この会議には45カ国、20組織が参加した。ここでは10億5,200万ドルの援助が約束された。その内訳は次の通りである。再建向け7億6,200万ドル、和平履行向け1億3,500万ドル、経常収支向け1億5,500万ドル。これでデイトン和平以降、51億ドルがボスニア・ヘルツェゴビナに流入したことになる（約束ベース）。更に加えて、コソボ危機向けに5,000万ドルが積み増しされてい

Ⅱ　バルカン地域紛争の系図

る。

　また，99年5月11日，連邦向けの経済問題フォーラムが開催され，民営化を促進することが力説された。加えて，同年5月26日から28日には，国内のツズラで民間部門発展会議が開かれた。ここでは投資環境の整備が言明され，EUに加盟する方針も確認された。併せて，同年5月31日には民営化証券（Eligibility of Vouchers）が発行され，国営企業の民営化を推進することが決定されている。

　農業について触れると，国際支援プログラム（1996～98年期）に基づいて，家畜や機械，それに基礎物資が緊急援助された。しかし，輸入品との競合には勝てないでいるのが現実である。ボスニア・ヘルツェゴビナの商業用農業が危機に瀕していることを示唆する。農村開発計画が必要な所以である。

　このように，経済的自立は極めて困難だけれども，国際社会からの援助は順調に進んでいる。そして，これがボスニア・ヘルツェゴビナの高度成長を生み出しているのである。但し，この援助が跡切れた段階で，経済成長を維持できるかどうか[5]。ボスニア・ヘルツェゴビナ全体が経済的に融合して，経済的自立を達成できるか否か。問題の焦点はここにある。

　だが，恐らくこのボスニア・ヘルツェゴビナの経験を先例として，コソボでも今後，同様の成果が期待できよう。ただ，スルプスカの問題は依然として残存している。この点に触れてみよう。

(2)　スルプスカ共和国（セルビア人共和国）とコソボ紛争

　スルプスカにはセルビア系が居住することもあって，ユーゴスラビ

ア（以下ユーゴ），特にセルビア共和国との経済関係が緊密となっている。98年の統計資料によると，スルプスカの総輸出額（4億2,000万KM）のうちユーゴへの輸出の占める比率は，74％，すなわち3億2,000万KMであった[6]。輸入については，輸入総額（14億KM）のうち43％，すなわち6億KMがユーゴからのものであった。如何にスルプスカの経済がユーゴとの貿易に依存しているかがわかるだろう。

今回のコソボ紛争の影響で，スルプスカの貿易が30％程度減少したという。これは直線的に関税収入の激減を意味する。特に，輸出の減少分はGDPの5％に相当し，12,500人分の雇用が奪われてしまった。加えて，スルプスカの電力システムもまたユーゴとつながっている関係上，スルプスカは電力不足に陥ってしまった。と同時に，スルプスカからの対ユーゴ電力輸出も不能となった。併せて，ユーゴ・ディナールの下落とインフレがスルプスカに悪影響を及ぼした。

スルプスカの経済課題は，ユーゴからの自立である。スルプスカが新規市場を開拓しない限り，これは実現しない。まずは，隣りの連邦との関係強化が要請される。次に，周辺国との関係改善である。そして，EUとの貿易を重視する政策が望ましい。スルプスカ経済が伸びないと，ボスニア・ヘルツェゴビナ全体の経済発展は実現しない。

(3) ボスニア内戦とコソボ紛争

ボスニア内戦はかなり長期化したことに加えて，民族浄化が展開されたけれども，最終的にはNATO（北大西洋条約機構）による空爆を経て，スルプスカ，すなわちセルビア人居住区を創設することで決着をみた[7]。将来的には，イスラム教徒，クロアチア系，セルビア系が以

Ⅱ　バルカン地域紛争の系図

前のように融合して居住することになっているが,恐らく現状のまま事態は推移していくであろう。つまり,セルビア系が独自のエンティティー,すなわちいわゆるセルビア人共和国の中で居住し続けることになるものと思われる。

他方,コソボでは,セルビア系住民は残存しているものの,当該地域の圧倒的多数派であるアルバニア系が独自のエンティティーを保有することとなった。セルビア系の居住区については,保証されなかった。本来,コソボでは民族浄化は不可能である。多数派であるアルバニア系住民をコソボから追放することなどできるはずもなかった。結果として,アルバニア系による事実上の独立が黙認されたのである。

そして今,コソボ,アルバニア,マケドニアに対して,新しいマーシャル・プランが稼動しつつある[8]。モンテネグロも独立を達成すれば,その対象になることだろう。

問題はセルビアである。民主主義を標榜しない限り,経済制裁は継続される。しかし,民主セルビアが誕生すれば,復興支援の対象として浮上するのである。問題はミロシェビッチと旧共産勢力のみとなった。バルカン半島の安定は,セルビアの民主化なくして実現し得ない。ミロシェビッチのような指導者を持ったセルビア人は不幸だが,ミロシェビッチ政権を打倒するのはセルビア人自身である。セルビア人の勇断が希求される。

註
(1)　渡辺博史「ボスニア・ヘルツェゴビナで見た最新経済事情」『世界週報』1999年10月12日号。
(2)　『日本経済新聞』1999年8月30日。
(3)　同上,1999年11月6日。

(4) Office of the High Representative, *Economic Reform and Reconstruction in Bosnia and Herzegovina*, Sarajevo, June 1999, Vol. 2, Issue 5.

(5) Ivo H. Daalder, Michael B. G. Froman, Dayton's Incomplete Peace, *Foreign Affairs*, November/December 1999, pp. 106 – 113.

(6) Office of the High Representative, *Economic Newsletter*, Vol. 2, No. 4, May 1999, pp. 3 – 4.

(7) E. D. Volliamy, Bosnia: the Crime of Appeasement, *International Affairs*, Volume 74, Number 1, January 1998, pp. 73 – 91.

(8) *The World Today*, Volume 55, Number 5, May 1999, pp. 4 – 6.

Ⅲ　バルカン紛争の歴史的視点

1　民族対立の系図

　バルカン半島では，ハプスブルク帝国とオスマン・トルコ帝国とによる支配の歴史が長かった。特に，オスマン・トルコの影響力は絶大であった。しかし，帝国の末期は別として，その統治形態は比較的緩やかなものだった。であるがゆえに，長期間に亘ってオスマン・トルコはバルカン半島を支配下に置くことができた。

　とは言え，中央政府の支配力が強力であったために，バルカン半島における国家建設は，不首尾に終わるか，実現したとしても，その国家は短命だった。と同時に，オスマン・トルコによる支配の下で，各民族は宗教を基盤としてまとまっていた。そのため，それは超領土的な性質を帯びるようになった。

　しかしながら，オスマン・トルコの支配力が弱まるにつれて，バルカン半島でも国家建設が相次ぐようになった。例えば，1815年にはセルビアが，1830年にはギリシャが，1856年にはルーマニアが，1878年にはブルガリアが，1913年にはアルバニアがそれぞれ誕生した。これらの各国には様々な民族が包括されていたが，支配民族としての多数派が必ず存在した。そして，各国それぞれが膨張政策を展開した。因みに，セルビアがコソボを併合したのは1912年のことである[1]。

　このように，オスマン・トルコが弱体化すると同時に，バルカン半島では国家建設が進み，ナショナリズムが高揚していった。ここに欧州からの民族覚醒の動きがバルカン半島に浸透した。そのナショナリ

Ⅲ　バルカン紛争の歴史的視点

ズムには拡大志向的な考えが内包されていた。そして，その底辺には民族統一主義的な発想が流れていた。

　だが，バルカン半島では，商業レベルや生産レベルにおけるエリートや知識階級の層が薄かった。ゆえに，民族主義のみに基づく国家建設に傾倒してしまう傾向が強かった。この時，マイノリティーは無視された。

　こういった潮流の中で，ボスニアは例外的な存在だったと指摘できる。ボスニアという名称の由来は，ボソナ（Bosona）にあり，これは958年にビザンチン帝国の文献に初めて登場したものだとされる[(2)]。ボスニアの土地に住む住民のほぼすべてがスラブ系で，6世紀から7世紀にかけてコーカサス地方から移住してきた。元来，ボスニアの土地は各種の鉱物資源に恵まれていたために（例えば，1422年頃には銅生産に関しては，ボスニアとセルビアで欧州市場の5分の1を占有していた），ローマ帝国やオスマン・トルコの支配の対象となった。金属はイタリア等に輸出された。1463年夏にボスニア王国が誕生したけれども，オスマン・トルコに征服されてしまった。

　16世紀半ばになると，ボスニアには昔からのボスニア人に加えて，トルコ人やセルビア人が居住するようになった。ボスニアには複数の民族が混在していたのである。今日のボスニア・ヘルツェゴビナの原型と言えよう。ベルリン会議の結果，ボスニアはハプスブルク王朝の支配下に置かれることになった。このハプスブルクの時代に鉄道が敷設され，道路が建設された。また，森林や鉱物などの資源開発も盛んになった。1912～13年には2,500万ドル程度に相当する資源が，ボスニアから輸出されたという。こうしてボスニアの経済発展が軌道に乗ったかに見えた。しかしながら，ユーゴスラビア王国（1918～41年）

の時代には経済発展は停滞してしまう。

ところで、大セルビア主義の起源については、それを1840年代に求めることができる。セルビア人の居住地域は、セルビア内部だけでなく、広範囲に及んだ。ボスニア、マケドニア、ハンガリー南部のボイボディナ、バナート、クロアチアのクライナ、モンテネグロ、コソボ。この居住空間の広がりが、大セルビア主義を定着する上で寄与したわけである。しかしながら、ユーゴスラブという考え方は、セルビア人民族主義者にはアピールしなかった。彼らは飽くまでもセルビア主義に固執した。これがセルビア人の民族性である。

1875年から78年にかけて、オスマン・トルコは分裂の危機に瀕していた。それまでは一時的に影響力を低下させた時期はあったものの、オスマン・トルコはセルビアを支配下に置いていた。しかし、オスマン・トルコは部分的に解体してしまったのである。この時、セルビアはコソボを獲得している。そして、アルバニア民族主義と衝突するようになる。

だが、1912年のバルカン戦争の際、セルビアはコソボの征服に成功した。これは帝国末期と言えども、セルビアがオスマン・トルコに勝利したことを示唆する。1689年にセルビアがオスマン・トルコに敗北した以降、バルカン半島におけるセルビアの地位が相当程度低下していたからである。こうしてセルビアの勢力は着々と増大していった。

この延長線上、すなわち1918年にセルビア・クロアチア・スロベニア人王国が産声をあげた。ユーゴスラビアと改称されたのは1929年のことである。いわゆる戦間期においては、コソボはセルビアの植民地的存在だった。コソボのセルビア化が推進されたからである。反面、戦間期、セルビア人はユーゴスラビアを統治していたが、その影

Ⅲ　バルカン紛争の歴史的視点

響力は低下しつつあった。

　第2次世界大戦が勃発すると，コソボはユーゴスラビアから切り離され，39年以来イタリアの植民地となったアルバニアに統合された。41年にはドイツがユーゴスラビアを解体してしまった。ドイツによる分割・占領の時期に相当する。この時，175万人が死亡したと伝えられている⁽³⁾。ムッソリーニが敗北してからは，今度はナチス・ドイツがアルバニアを占領した。そして，コソボのアルバニア系にセルビア人と対立するように扇動した。だが，ユーゴスラビアはティトー（Josip Broz Tito）によるパルティザンによって解放された。因みに，ティトーはスラブ系ではあるけれども，クロアチア人の父とスロベニア人の母との間に生まれたクロアチア系であって，セルビア系ではない。なお，コソボは第2次世界大戦末期，ユーゴスラビアに再統合され，セルビア人によって半植民地化が進められていた。

　第2次世界大戦後，ティトーはユーゴスラビアの再建に尽力した。しかし，当時の同国経済は農業が中心だったので，税基盤が脆弱だった。勢い，援助に依存することになる。そして，旧ソ連邦にではなく，西側に追いつくことが目標とされた。ユーゴスラビアは特殊な社会主義国家であった。ティトーが求心力を発揮して，このユーゴスラビアを束ねていった。

　ユーゴスラビア内部の中で，ボスニア・ヘルツェゴビナは原材料の供給者としての役割を担った。だが，ここにはフォルクスワーゲン，シーメンス，メルセデス・ベンツなどのドイツ資本が流入するようになった。加えて，1967年に外国直接投資が公式に許可されてからは，フランスやスウェーデンからも資本が流れ込んだ。第2次世界大戦直後からボスニア・ヘルツェゴビナがユーゴスラビアから独立するまで

のおよそ50年間（1945～92年）に，ボスニア・ヘルツェゴビナに投下された固定資本投資総額は840億ドルにのぼる。これは主としてインフラや工業プロジェクト向けであった。市場経済への移行を目指した矢先に，ユーゴスラビアは崩壊した。

　他方，コソボでは，アルバニア系がティトーに対して自治権の拡大を要求していた。1968年のことである。ところが，80年5月にティトーが死去する。ユーゴスラビアは集団指導体制に移行したものの，求心力よりも遠心力の方が強く作用した。経済の停滞も顕著となった。アルバニア系でさえもティトーのことは敬愛していた。マイノリティーに対する配慮を忘れなかったからである。

　だが，ティトーの死後，セルビア人民族主義者はセルビア人勢力の退潮を批判した。特に，コソボにおけるそれを彼らは懸念した。ここにミロシェビッチが登場してくる。このミロシェビッチの抑圧政策に対して，コソボではルゴヴァによるガンジー流の抵抗・独立運動が試みられた。

　ベルリンの壁の倒壊を経て，91年から92年にかけてユーゴスラビアは瞬く間に崩れていった。スロベニアとクロアチアとが同時に独立を宣言したけれども，独立戦争に関してはクロアチアの方がより悲惨だった。20世紀末の第1次バルカン戦争と位置づけられる。95年にはクロアチアは領土の回復に奏功する。

　続いて，ボスニア・ヘルツェゴビナが92年3月に独立宣言を試みる。しかし，周知の通り，内戦へと至ってしまう。これは20世紀末の第2次バルカン戦争である。この戦争の傷は深い。GDP（国内総生産）については，その3分の2が消滅し，21億ドルにまで縮小した。国民1人当りのそれは僅か700ドルになった。工業生産は戦前の10％となっ

た。総被害額は500億〜700億ドルに達すると言われる。生産設備の破壊に関しては，200億ドルに相当するという。失業率は50％に跳ね上った（96年末）。月収は5〜20マルクに急減した。

　コソボの人口は200万人程度だが，そのうち90％がアルバニア系である。ミロシェビッチはこのコソボから89年に自治権を剥奪し，事実上の戒厳令を敷いた。

　一方，隣国のアルバニアでは，90年代に入って混乱が続いた[4]。一部のアルバニア人はコソボのアルバニア系を支援した。これがKLA（コソボ解放軍）の強化に役立った。アルバニア人はそもそも，バルカン半島全体に同盟や共同体を持たない。アルバニアとその周辺（コソボ，マケドニア，モンテネグロ）に集中して暮らしている。その分，アルバニア人社会内部の人的ネットワークは極めて堅固である。KLAの活動もまた，このネットワークに依拠していた。

　KLAの活動が活発化するのに伴い，ミロシェビッチ政権によるコソボ・アルバニア系に対する虐待を展開した。今回のコソボ紛争は20世紀末の第3次バルカン戦争であった[5]。

註
(1)　*U. S. News & World Report*, April 12, 1999, p. 20.
(2)　Tufik Bumazovic, Bosnia and Herzegovina: Economic Factors and Obstacles of Political Stability, *Eurasian Studies*, Number 14, Summer – Autumn 1998, pp. 20 – 51.
(3)　*U.S. News & World Report*, April 5, 1999, p. 23.
(4)　この点については以下を参照されたい。
　　拙著『アルバニア現代史』晃洋書房。拙著『新生アルバニアの混乱と再生』創成社。

(5) 本節の叙述は特記のない限り，次の文献を参考にした。William W. Hagen, The Balkans' Lethal Nationalisms, *Foreign Affairs*, July/August 1999, pp. 52–64.

Ⅲ　バルカン紛争の歴史的視点

2　バルカン社会の特徴

　そもそもバルカン社会は，均質性よりも多様性が目立つ。民族（その血液）は無論のこと，宗教的にも極めて多様なのである。とにかくまとまりに欠ける地域なのだ。

　旧ユーゴスラビアは旧ソ連邦と断絶して，独自の道を歩んだ。コメコン（セフ＝経済相互援助会議）にも正式加盟しなかった。外交上は非同盟の盟主を目指した。経済的には自主管理制度が導入された。冷戦時代には，文字通りグレーゾーンの道を貫いた。ここに西側世界にとっての利用価値があった。

　アルバニアもまたコメコンにもワルシャワ条約機構にも加盟しなかった（正確には，旧ソ連邦と断絶した時，これらから脱退した）。旧ソ連邦とも中国ともアメリカとも，いわゆる超大国とはすべて断絶していた。閉ざされた社会であった。独裁者・ホッジャのための国家であったと言える。

　ルーマニアはワルシャワ条約機構にもコメコンにも加盟してはいたが，旧ソ連邦とは一線を画していた。自主外交路線の貫徹である。産油国なので，旧ソ連邦からの原油供給に依存する必要がなかったからである。この枠組の中で，チャウシェスクが独裁政治を展開した。それゆえに，西側世界はこの独裁を黙認した。

　このように，親ソ国家・ブルガリアを例外とすると，バルカン社会は旧ソ連邦との関係は良くなかった。それぞれの国で小スターリンが

統治していたからだ。ゆえに，西側世界も東側世界も，虎視眈々とバルカンを狙った。欧州において東側世界が消滅した10年前，西欧社会は中欧よりもむしろ南東欧を西欧に組み入れる努力をするべきだった。中欧社会は自然と欧州に溶け込める能力を持っている。その努力をしなかったために，バルカン半島情勢は悪化の一途を辿った。西欧社会の戦略ミスである。

　冷戦が終結してしまうと，バルカン社会の西側世界にとっての利用価値が相対的に低下した。バルカン社会の特殊性と多様性は，民族と宗教とに集約された。バルカン社会もまた中欧とは程度の差はあるものの，一応市場経済への移行を目指し，民主体制への移行を標榜したからである。しかし，中欧諸国とは異なって，旧ユーゴスラビアを例外として経済改革の経験が皆無だった。例外の旧ユーゴスラビアは空中分解し，経済改革の経験はスロベニアとクロアチアのみで生かされた。両国が豊かな理由はここにある。

　今日のバルカン社会が抱える混乱は，ほぼ同様のものである。ボスニア内戦，コソボ紛争という悲劇は繰り返されたが，冷戦が終結して10年が経過した今，バルカン社会は漸く民主化と市場経済への移行への準備が整ったと言える。そして，国際社会がこれをサポートしているのである。

Ⅳ　南東ヨーロッパ社会の経済復興と構造改革

1 ルーマニア企業の経営変革と流通機構

(1) ルーマニア社会の命運

1989年12月,チャウセスク体制が崩壊した。これはいわばクーデター的体制破壊であった。決して民主革命ではない。それ故に,チャウセスク時代の体質が色濃く残った。その負の遺産があまりにも多すぎて,短期間では解消できなかった[1]。旧共産系が政権を担当したからである。

その時期(1990〜96年)には確かに農地の80％が私有化され,国営企業も民営化されていった[2]。だが,当時,農業関連サービス業が国営であり続けたために(678社中82社のみ民営化),農業実績は改善されなかった。また,民営化されたと言っても,その大半は中・小規模のそれだった。新規企業も多数誕生したが,その大部分は個人によるものだった。

要するに,実質的な企業変革や非独占化は全く進行しなかったのである。新しい経済秩序を構築できなかったことに加えて,そのための制度も不完全だった[3]。IMF(国際通貨基金)や世界銀行から金融支援を得るためのポーズに過ぎなかった。旧共産系政権はチャウセスク体制を倒しただけだったのである。

ルーマニアで抜本的な変革が開始されたのは1997年以降のことである。96年11月の大統領選挙で非共産系のエミール・コンスタンテ

Ⅳ 南東ヨーロッパ社会の経済復興と構造改革

ィネスク（Emil Constantinescu）が選出されると同時に，総選挙でも民主会議を中心とする連立政権が発足した。この非共産政権の成立をもって，ルーマニア市民は不安定期を漸く乗り越えたことになる。自由化の方向への胎動であることは明らかだ。しかし，変革の痛みが同時進行していることもまた明白である。この痛みに市民が何処まで耐えられるか。正にルーマニアの変革過程は正念場を迎えている。

　本節では，本格的な変革期に入ったルーマニア社会を分析対象として，主に企業経営の変革の視点から考察を試みたい[4]。以下では，ルーマニア経済の弱点を摘出した後，民営化過程を取り上げる。それを追跡することで，ルーマニア社会の民主化の進展度を窺い知ることができるからである。そして，これとの関連で同国の流通機構の問題点にメスを入れてみよう。この問題は市民生活と深く関連する。

(2) マクロ経済の致命傷

　1989年末のクーデター直後，ルーマニア社会は大幅なマイナス成長に喘いだ（表Ⅳ－1参照）。経済システムが崩壊したことの影響が最も大きいと考えられるが，価格自由化に伴うインフレが市民の購買力を衰退させたこともその要因である。例えば，石油とガスの価格が高騰した。また，補助金の削減のために，企業，殊に中小企業が弱体化した。コメコン体制が空中分解したことを受けて，ルーマニア企業は市場を喪失した。

　ところが，93年から96年の4年間はプラス成長に転じた。当時，ルーマニア経済が改革の混乱期から脱して安定化に向かったと評価されたが，事実は異なった。エネルギー関連企業に補助金が拠出されたの

表 IV-1　ルーマニア主要マクロ経済指標の動向

	1990	1991	1992	1993	1994	1995	1996	1997	1998	1999[1]
民間部門(対GDP比:%)				32	35	45	50	57	60	
実質成長率(%)		-5.6	-12.9	-8.8	+1.5	+3.9	+7.1	+4.1	-6.6	-7.3	-3.0
失業率(年末:%)			3.0	8.4	10.4	10.9	9.5	6.6	8.8	10.3	12
インフレ率(年末:%)	37.6	205.5	199.5	296	62	28	57	151	41	35
財政収支(対GDP比:%)				-0.4	-1.9	-2.6	-4.0	-3.6	-5.5	-2.0
経常収支(10億ドル)				-1.2	-0.5	-1.7	-2.6	-2.1	-3.0	-1.5
外国直接投資(100万ドル)				97	341	417	263	1,224	2,040	
対外債務(10億ドル)				4.2	5.6	6.6	8.3	9.3	9.1	
外貨準備金(輸入ベース:月)				1.7	0.9	0.4	0.5	2.2	1.7	
債務返済(対輸入比:%)				6.2	8.7	11.5	14.8	20.2	21.6	
為替相場(レイ)										
対1ドル				1,276	1,767	2,578	4,035	8,070	11,000	
対1マルク				747	1,144	1,837	2,254	4,488	6,604	

(注) 1) 見通し
(出所) *The Banker*, June 1999, p. 49, EIU, *Country Risk Summary*, April 30, 1999, *Monthly Statistics Bulletin*, No.1, 1999, ルーマニア国家総計委員会資料, に基づいて作成。

であった。民営化を含む構造改革はほとんど実行されないままだった。
　一方，非共産政権は構造改革に正面から取り組んだ。このため，再びマイナス成長に陥った。工業生産もサービス生産も共にマイナス成長である（工業生産：97年-5.9％，98年-10.5％，99年〔見通し〕-4.0％，サービス生産：97年-17.4％，98年-6.3％)[5]。98年の経済成長は89年と比較すると，-23.8％となる。99年初めの実質月間賃金は109ドル程度である。加えて，99年の成長率（見通し）もまたマイナス成長となっている。勿論，これはコソボ紛争の影響による。失業率も上昇傾向を辿っており，インフレ懸念も残存する。財政赤字と経常赤字のいわゆる双子の赤字も顕著である。98年の輸出が83億ドルであるのに対して輸入は118億ドルで，貿易赤字は35億ドルであった。

ルーマニアの場合，EUとの貿易が約半分を占める。

　全体として，IMFの要求するデフレ政策が浸透していると判断できよう。国際金融機関は対ルーマニア支援を惜しんではいない。97年には国際金融機関から15億ドルが流入した。その内6億2,500万ドルは世界銀行からだった。供与の条件は，インフラ整備と民営化の推進である。また，99年3月26日には同じく世界銀行から新規に3億ドルローンを供与されることで合意した。同年4月下旬にはIMFからスタンド・バイ・クレジット4億5,000万ドル（1年間）の融資が決定された。その条件は，99年の財政赤字を対GDP比で2％以下に抑制すること，ルーマニア国立銀行が債券市場を開設すること，銀行部門を改革すること，民営化を加速すること，国際会計基準に基づいてビジネス環境を整備すること，などであった。

　中でも重要な変革が，構造改革，特に民営化の加速だと言える。そこで次に，ルーマニア企業の経営変革の具体例として，民営化を位置づけてみよう。

(3) 民営化と経営変革

民営化の新局面

　1998年末現在，ルーマニアでは民間部門がGDPの58.3％を創出するに至った。但し，同国の民間部門は農業，建設，サービスの分野に集中しており，工業分野では30％を占めるに過ぎない。民営化が進めば，その数字は80％になるという[6]。

　だが，民間部門は，企業のリスクが高いが故に，短期資金ですら借入できないでいる。例えば，97年上半期を取り上げると，民間投資

の22％が自己資金によるものであり、金融機関からの借入は僅か3.5％であった。当然、社債の発行などは不可能な状況だ。企業向けフォンドの大半は外国資金に依拠している。ただ、民営化に関しては、国際金融機関がこれを支援するようになった。ルーマニアの場合、民営化が本格的に実施されるようになったのは、既述の通り97年以降のことである。

96年までの民営化は極めて限定的なものであった。農業部門では、91年の土地改革法に基づいて920万haの農地が元の所有者に返還されたけれども、法的所有権の流通プロセスが依然として遅かった。農業設備については、20％しか民間の手に渡らなかった。民間農業の金融資産は国営の協同組合よりも乏しく、市場アクセスも困難な状況が続いた。上流、下流の双方で民営化に失敗したと言えよう。穀物企業を例として挙げると、分割後もそれぞれの地域で各社が独占を享受した。加えて、外資、例えばカーギル・コンチネンタル・グレインの参入も拒否していた[7]。世界銀行はこうした状況に圧力をかけた。そこで、99年4月8日に国家所有権基金が創設され、農業企業の民営化に利用されることとなった。

非農業分野に関しては、更に民営化が進展しなかった。92〜93年期では僅か30社の商業企業しか民営化されなかったし、第2段階のいわゆるヴァウチャー（民営化証券）型民営化においても3,905社の株式60％が民間に放出されただけであった。実質的な民営化は実現しなかった。なお、金融機関の民営化法が登場したのは97年9月のことである。

ルーマニア企業の民営化は、外資の参入を阻んだが故に、その進展が遅れた。従って、ルーマニア企業の本格的な民営化とは、そこに外

Ⅳ 南東ヨーロッパ社会の経済復興と構造改革

国人投資家が参加することを示唆する。これは既述の国家所有権基金を通して実施されるほか、投資家に直接売却することもある。

ルーマニア企業の民営化の際、外国人投資家に売却されたのは、96年には1,600万ドル、92〜96年期の累計で見ても2億5,000万ドルに過ぎなかったのが、97年には3億8,500万ドルへと飛躍的に増加した。この額は国家所有権基金を通じて売却された企業1,304社（大企業50社、中企業170社、小企業1,084社）の合計である。また、直接的に投資家に売却された額は97年で4億6,500万ドルに達する。例を挙げよう。Rom Cimはフランスの Lafargeに、Automaticaはスイスの ABBに、Heavy Ball Barings Ploiestはアメリカの Timkenに、Arctic Gaestiは欧州復興開発銀行（EBRD）とフランスのソシエテ・ゼネラルに、それぞれ売却された。

98年に入ると、1,650社が民営化された。その合計額は約6億4,000万ドル（7兆レイ）である。最大規模のそれは、電話会社の Romtelecomの株式が35％売却された事例である。更に、ルーマニア開発銀行や石油精製会社のペトロミディア社を追加できる。また、312社が売却リストに付け加えられた。併せて、リストラが開始された企業もある。これを列挙しておこう。Romgaz（ガス会社）、Renel（電力会社）、SNCFR（鉄道）、Posta Romana（郵便）、Petrom（石油会社）。なお、98年12月23日には手続きの簡素化を意図した新しい民営化法が発効している。

ところで、ルーマニアのケースでは、民営化が最も後回しにされたのが金融部門である。98年末現在でルーマニアには商業銀行が48行あり、その内22行が外資系だ。ところが、国営系の銀行が銀行業務の70％を独占しているのである。故に、同国では融資業務が停滞し

ている。ただ，ブカレスト証券取引所（95年11月開設）には3,500社が上場され，1日平均取引額は100万ドルに達する。また，ラスダック市場でも5,495社の株式が流通している。しかし，ルーマニア企業は資金不足に悩んでいる。金融機関の民営化が叫ばれる所以である。

　99年第1四半期になって初めて，漸く金融機関の民営化に本腰がすえられた。同時には575社が民営化されたが，その中心は銀行であった。同年4月にBanc Postの株式45％が4,280万ドルでゼネラル・エレクトリック・キャピタルとポルトガル投資銀行に売却された。この他，99年中にはBanca Comerciala, Banca Albina, Bancorexも民営化される運びとなった。更に，自動車メーカーのDacia，トラクターメーカーのTractorul，トラックメーカーのRomanも売却されたか，あるいは売却の目処がついた。

民営化の動態

　それではここで，民営化の実態を更に詳しく捉えるために，金融機関の民営化と一般企業のそれとに場合分けをして，検討してみることにしよう。まずは，一般企業の民営化からである。

　既述の通り，Romtelecom（National Tele‐communication Company, 国営電話会社）の株式，すなわち98年末までにその35％分が6億7,500万ドルで売却された[8]。ギリシャのOTEがこれを取得した。同社は通信省によって管理されていたものの，92年以来10億ドルしか投資が実行されなかった（計画では92～2000年期に80億ドルが投資されるはずであった）。

　そこで4段階に分けて，同社の民営化が実施されたのである。第1に，まずアドバイザーが選定された。この役目は，通信省とゴールド

Ⅳ 南東ヨーロッパ社会の経済復興と構造改革

マン・サックスが担うことになった。第2に，国際オークションで株式の30％を売却することと決められた。第3に，株式の3～5％は従業員に売却されることになった。第4に，残余の株式については，市場に放出されることとされた。世界の通信網と接続されないと，同社の生き残りは不可能だと判断されたのである。この切迫感が同社を民営化へと踏み切らせた。

次に，ルーマニア国有鉄道（91年3月29日設立）のリストラ・プロセスを追跡しよう。運輸省に管理されている同社は，まず商業持株会社に転換された[9]。この持株会社の傘下には，乗客，貨物，インフラの3部門に分割された各社が置かれることとなった。更に，地域別に8分割され，コンスタンタ港オフィスが別に設けられた。

97年の乗客数は2億1,300万人にのぼり（対89年比で44.3％の増加），ルーマニア最多のブカレスト北駅では1日の乗客数が7万人に達するという。コンピュータ化，近代化を断行しないと，この巨大会社は効率的な経営を達成できない。バルカン半島，中東，中央アジアのハブを目指す試みでもある。

以下，民営化の事例を並べておこう。いずれも外国企業に売却された例ばかりである。砂糖生産会社・Danubiana Romanの株式55％はオーストリアのAgranaに売却された。Agrana社は2,000万ドルの投資を計画している。フランスのルノーは自動車会社・Dacia Pitetiを99年7月に2億7,000万ドルで買収した[10]。フィンランドのIVOインターナショナルは，Sucursala Electronice Sucearaを購入予定である。ギリシャのMytilineos S.A.は，ルーマニアの鉛・亜鉛製練所であるＳＣ Sometra Copsa Micaを購入した。Petromidia精製所の株式51％は，トルコのAkmayaに売却された。この他，Petrotel Ploiestiはロシアのルークオイ

ルに，Rulmenti Alexandria は日本の光洋精工にそれぞれ売却されている。

では次に，金融機関の民営化過程を観察するが，その前にルーマニアの銀行システムについて解説しておきたい。

90年までの銀行システムは，他の旧社会主義国と同様に，金融機関の全てが国営だった。それは，商業銀行を兼ねた中央銀行，専門銀行（外国為替，投資，農業・食品産業），貯蓄銀行の3種類から成っていた。

しかし，90年12月以降，2層システム，すなわち国立銀行（National Bank）が本来のそれと商業銀行（Romanian Commercial Bank）とにその役割を分離するシステムに移行した[11]。専門銀行もまた商業銀行（ユニバーサル銀行）に性格を変えた。商業銀行の最低資本金は約500万エキューである。そして，現在，ルーマニアの商業銀行は次の五つに分類することができる。

まず第1に，国有資本と国内の民間資本とから成る銀行である。これは現在，株式会社に改組されている。ここには次の6行が入る。

ルーマニア商業銀行（Romanian Commercial Bank）

バンコレックス（Bancorex，旧外国貿易銀行）

アグリコーラ（Agricola）

バンク・ポスト（Banc Post）

エクシム・バンク（Eximbank）

ルーマニア貯蓄銀行

第2に，国有資本と国内並びに外国の民間資本とによる銀行だ。

ルーマニア開発銀行

工業・産業信用銀行

Ⅳ 南東ヨーロッパ社会の経済復興と構造改革

国際宗教銀行(International Bank of Religions)
信用・開発銀行
Romexterraトルコ・ルーマニア銀行
第3に,国内と外国の民間資本による銀行。
小産業・自由企業銀行
Ion Tiriac商業銀行
Dacia Felix銀行
Transilvania銀行
Albina銀行
West銀行
Columna銀行
Pater銀行
Robank
大宇銀行・ルーマニア
Demir銀行・ルーマニア
第4に,国内民間資本100％の銀行。
バンクコープ
Astra商業銀行
Unirea商業銀行
ルーマニア経済復興銀行
第5に,外資100％の銀行。
Bucuresti銀行
ABNアムロ・ルーマニア
シティ・バンク・ルーマニア
国際商業黒海銀行・ルーマニア

Raiffeisenbank・ルーマニア

Bank–Austria Creditanstalt・ルーマニア

ルーマニア国際銀行

BNP-ドレスナー銀行・ルーマニア

　以上の分類を見ると，相当程度，外国資本が既に進出しているかのように思われる。しかし，実態は違う。つまり，ルーマニア商業銀行，バンコレックス，アグリコーラ銀行，ルーマニア開発銀行の国営系4行が，ルーマニアにおける銀行資産の66％，融資合計の75％を占有しているのである。加えて，同じく国営系のルーマニア貯蓄銀行が家計口座の35％を占めている。もって，これら国営系の民営化を急がねばならないことになる。これは外資系銀行との競争を創出する過程でもある。

　こうした事情を背景に，ルーマニア開発銀行の株式51％が2億ドルでフランスのソシエテ・ゼネラルに売却された[12]。ルーマニア開発銀行は，既述のルーマニア5大銀行の中では最小の規模のものである。一方，ソシエテ・ゼネラルは90年代初めには対ルーマニア進出を果していた。しかし，その活動範囲は首都ブカレストに限定されていて，今回の民営化で一気に活動範囲をルーマニア全土に拡大することを意図している。

　また，バンク・ポスト（Banc Post）の民営化についても，GEキャピタルとポルトガル投資銀行に売却され，次のターゲットとなるのがルーマニア商業銀行である。同行の支店数は240にのぼり，顧客数は140万に達する。併せて，アグリコーラやバンコレックスも民営化リストに加えられた。両行は西欧のノウハウを導入しつつ，リストラとネットワークの合理化に取り組んでいる。バンコレックスは，同国の

Ⅳ 南東ヨーロッパ社会の経済復興と構造改革

中央銀行から2億ドルの緊急ローンを得た。ところが、国内最大の同行は、同国経済悪化が原因で不良債権を積み増していて、数多くの問題を抱えている。

このように、ルーマニア国営系銀行の民営化では、外資の進出でその速度が加速されようとしている。外資系のBank-Austria Creditanstalt・ルーマニアは同国への進出の先行組に属する。同行はブカレストから全土にリテール部門を拡張する計画を立てている。ルーマニア民族系銀行の競争相手として同行が浮上してきた。

いずれにせよ、一般企業も含めて、競争の過程を経て生き残った法人が優位に立てる。と同時に、外資なくしては民営化が進展し得ない。これが新興成長国の現実である。それだけ外資がルーマニア社会の変革にとって必要不可欠な存在なのである。

外資と経営変革

表Ⅳ-2の通り、外資の対ルーマニア進出は、皮肉にも国内の政治的安定とは裏腹に、最近になって停滞してきている。93年1月～98年10月期で民営化に向けられた外資が約10億ドルを記録した反面、98年の投資額はこれまでで最低の水準となった[13]。対前年比で50％以上の低下である。その理由は小規模投資が主流だったからだという。なお、90年12月から99年1月までの累計では37億5,000万ドルとなる。

直接投資を国別で見ると、全体の15％を占めるのがオランダで、以下ドイツ、イタリアと続く。社会主義時代を含めた98年末現在の外国直接投資額の累計は46億3,000万ドルであるが、ここには将来の民営化向け投資（約束ベースで11億6,000万ドル）が含まれる。合弁企業数は61,957社に達した。

表 IV-2 ルーマニアへの直接投資

(単位:100万ドル,%)

	登録ベースの直接投資額	全体に占める比率
1991	518.8	15.0
92	329.5	9.5
93	356.5	10.4
94	970.1	28.0
95	294.7	8.5
96	542.3	15.6
97	309.5	8.9
98	148.9	4.1
合 計	3,470.3	100.0

(出所) Chamber of Commerce and Industry, 並びに National Office of Registry of Commerce が公表した資料に基づき作成。

企業別に規模の大きな投資を列挙すると, 次のようになる。

大宇自動車・ルーマニア　1億5,610万ドル (自動車製造)

Mobifon SA　7,850万ドル (携帯電話)

MobilRom　6,120万ドル (携帯電話)

Tofan Group　6,000万ドル (タイヤ)

シェル・ルーマニア　5,700万ドル (石油)

大宇重工業　5,300万ドル (造船)

MDF Sebes–Frati SA　5,000万ドル (家具)

Rulmenti Grei SA　3,700万ドル (ベアリング)

MetroRom Invest SRL　3,420万ドル (小売業)

Unilever・ルーマニア　3,270万ドル (洗剤)

漸くここにきて, 欧米や韓国の資本がルーマニアに流入するようになった。ルーマニアにとっては, これが同国企業の経営変革促進剤として作用する。一方, 進出企業は, ルーマニアを市場として捉えるだ

Ⅳ 南東ヨーロッパ社会の経済復興と構造改革

けでなく，生産基地として関心を強めるようになった。言うまでもなく，これはEUの東方拡大と連動している。

(4) 流通機構と経営変革[14]

　一般に，流通政策の目的とは，差別化や市場セグメントへの到達を通じて，最適市場範囲を確保することにある。販売の成功には，効率的な流通機構が必要となる。利潤最大化を目的とする製品販売の方法が重要なのであって，販売それ自身が重要なのではない。では，その方法とは一体何なのかを考えよう。

　それは第1に，できる限り迅速かつ最小のコストで最終顧客に製品を届けるには，どの流通チャネルを利用すればよいか。第2に，如何にして流通業者をコントロールするか。第3に，流通チャネルにおいて利用する決済システムは何か。第4に，当該企業がどのようにして望ましい市場範囲に到達するか。それは，国全体か，それとも特定の地域か，あるいは都市部か地方か。第5に，できる限り効率的に製品を流通させるには，当該企業がどの程度のコストを負担するか。第6に，製品，企業の資金力，流通チャネルに関して，どの種類の流通システムが最適か。

　ルーマニアでは依然として流通業が脆弱である。この問題を克服するには，同国の流通機構の中に潜む弱点を解明する必要がある。以下では，この点を追求しよう。

ルーマニアの流通機構
　ルーマニアでは，小売り部門がかなり分裂していて，細分化してい

る。この点を明らかにしよう。

　第1に, 専門のアウトレット（小売店）である。これは都市部に多く, 生産業者が経営する。メーカーによる小売チェーンと言える。この数年で発達した。業種別にその例を挙げておこう。

　　エレクトロニクス——Mondo, Ana Electronics, Flanco
　　家具——Elvilla, Mobexpert
　　建設資材——Romstal
　　衣料——Steillman, Steffanel
　　靴——Carmens

　第2に, スーパーマーケットである。これもブカレストを中心にここ数年で出現してきた。但し, ルーマニアではスーパーマーケットのチェーン展開は極めて稀である。それに現段階においても, 消費者は国営系の劣悪なサービスに甘じている。こうした状況下で, 漸く新規の進出が見受けられるようになった。ブカレストでは, Mega Image, La Fourmi, Nicが著名である。Mega Imageはダイレクトメールも利用して, 顧客の獲得に奔走している。また, Mega ImageやLa Fourmiは独自ブランド（例えば砂糖）を開発して, 販売するようになった。この他, 西部ではComtimが, コンスタンタではConexが出現している。ところが, 売上高は今一つで, 新規参入が困難なことを物語っている。

　第3は, キャッシュ・アンド・キャリー（現金払い店頭渡し）型のディスカウント・ストアである。Metroという業者がブカレストで数年前にこの方式を導入した。ブカレスト第2店がオープンしたほか, ティミショアラ, ブラソフでもグランド・オープンしている。

　第4に, デパートである。ルーマニアでは10万人都市には少なくとも1店のデパートが営業するようになった。しかし, その事業展開が

Ⅳ　南東ヨーロッパ社会の経済復興と構造改革

成功しているとは必ずしも断言できない。それはまず，大半が国営系で，外資系が参入できていないからである。次に，その資本力の弱さに原因がある。また，都市の中心部にあるにもかかわらず，駐車場がない。加えて，顧客に対するサービスが悪い点を挙げることができる。併せて，生産性（面積当りの販売高，従業員当りの販売高）が低く，操業コストが高いために，収益が悪く，結果，手元流動性に問題が生じている。

　第5に，総合（オール・イン・ワン）型アウトレット。このタイプのアウトレットはルーマニアで比較的多く，短期間で急成長した。約18万〜20万件程度あり，売り場面積は50〜200㎡程度である。食品，化粧品，洗剤，衣服，電気製品などが1カ所で販売される。一般に家族ビジネスの場合が多く，倒産率も高い。これにキオスクや露天商も含めて，サプライヤーにとってはあまり魅力はない。キオスクや露天商は，早晩撤去されることになろう。

　最後に，卸売センター内のアウトレットである。ここでは複数の小規模卸売業者が賃貸する方式が採られている。1〜3種類の製品を取り扱う専門のアウトレットが卸売センター内に集中していて，消費財，建設資材，耐久消費財が5〜7日間で配達される。ルーマニアでは魅力的な流通チャネルと言えよう。

　しかしながら，全般的にルーマニアでは販売のためのインフラやシステムが未発達である。加えて，小売チャネルにプロフェッショナルが少ないことも致命傷となっている。併せて，信頼に足る流通業者も少ない。メーカーの参入者にとって，流通業者の存在は不可欠である。ところが，良き流通業者を選択することは，今日のルーマニアでは難しいのである。

ルーマニアの流通業者は，いずれも4～5年程度の経験しかなく，元卸売業者が流通業者を手がけているケースが多い。ノウハウ，インフラ，人的資源，資金力が欠如しているが故に，結果として流通コストが高くなっている。ルーマニアでは流通が複雑で，リスクが高いと指摘せざるを得ない。従って，同国の流通業者はコア・コンピタンスを確立しておく必要がある。そうでないと，流通業そのものが成長しない。

流通機構の構築

　前項ではルーマニアの流通機構の問題点を指摘したが，これに引き続いて，本項では流通機構の構築について詳述する。ルーマニアでは，以下に挙げる三つのタイプの流通機構を機能させる必要があろう。この点を解明しておこう。

　第1に，生産から流通までを包括した完全所有流通システムである。消費財の分野で多くこのタイプを散見できる。それ故に，広範囲の顧客層を獲得している。言うまでもなく，メーカーが流通のすべての事業に関与する。すなわち，生産拠点から地域別の卸売段階である1次流通と販売拠点への直送という2次流通の双方にメーカーが関係する。このため，自社の流通インフラ・ロジスティックス（倉庫，輸送設備）を保有し，かつプロによる販売チームも備えている。ここに加えて，自社イメージ向上の加工システムも確保している。

　同タイプの流通システムの利点として指摘できることは，まず第1に，市場の知識に長けている点である。ニーズを把握しているので，市場の変化に応答できる。次に，メーカーが小売業者に対して直接アクセスを持つが故に，流通チャネル全体を支配・コントロールするこ

Ⅳ 南東ヨーロッパ社会の経済復興と構造改革

とが可能となる。また,メーカーと顧客との距離が短いので,市場の範囲とそれへの浸透度とを最適化できる。同時に,独自の販売組織を保有するわけだから,新規の顧客を自社が開拓できる。また,現顧客に対しても販売促進が容易になる。

他方,短所としてはコスト高を挙げることができよう。まず,投資が要請されるし,輸送費も負担しなくてはならない。無論,人的コストも高くつく。要するに,生産活動から流通活動に必要なコストすべてを負担せざるを得なくなる。

第2のタイプは,独立系流通業者を通じた流通システムである。このタイプが今,ルーマニアで発達段階にある。国内の流通業者が合併した上で,進出してきたメーカーと分業体制を構築できれば,そのコア・コンピタンスを明確化し得る。メーカー側から見ると,特定の流通業者と取引することになる。

この流通システムの長所は,第1に,顧客ネットワークに対するアクセスが容易で,然も市場参入が迅速な点である。次に,既存の流通ロジスティックスを利用できることだ。同時に,販売組織についても既存のものを活用できる。流通業者は,ある程度適度な市場に対する浸透度と範囲とを保有している。加えて,低コストで市場にアクセスできるので,リスクの分散に役立つ。

反対に短所は,販売や流通の活動に絶対的な支配力を行使できない点にある。メーカーは流通業者に依存せざるを得ない。その結果,市場に対する支配力まで弱化してしまう。交渉力が低下するからである。従って,流通業者との統合が課題となる。例えば,合弁企業を設立するとか,流通業者にメーカーが株式投資するとか,あるいは情報システムを統合して両者間の関係を円滑にしておく必要性が生じる。現段

階のルーマニアでサプライ・チェーン・マネジメントの導入は無理としても，その概念だけでも広く浸透していかねばならない。

　第3に，特定の流通業者との協力関係に基づいて，流通システムを構築する方式である。メーカーと流通業者との間で締結される一種のパートナーシップと言えるだろう。この場合，取引される製品が相当程度限定されることが前提となっている。つまり，製品別に流通業者を選択するのである。

　このタイプの利点としては，流通業者が特定の製品に依存するために，メーカー側が価格の面も含めて強いコントロール権を行使できるところにある。流通業者がメーカーの流通システムの中に統合されていくようなイメージである。その一方で，契約の解消が容易なので，柔軟な関係を保てる。

　一方，短所は，適切な流通業者を見つけることそれ自体が困難な点である。流通業者をコントロールすることも高コストとなる。統合が難しく，知識の共有も困難なので，流通業者を支援するための投資が必要になるかもしれない。

　いずれにせよ，ルーマニアでは流通機構の育成が肝要となっている。外資系の流通業者の進出を待っていては，あまりにも時間がかかり過ぎる。その前に，国内資本によって流通機構を整備しておくことが先決だろう。これがルーマニア企業の経営変革の一面であることを忘れてはなるまい。

(5) 経営課題

　ルーマニアの民営化にも漸く外資が流入することで，それが本格化

Ⅳ 南東ヨーロッパ社会の経済復興と構造改革

してきた。これが直線的にルーマニア企業の経営変革につながっていく。一方，流通機構の構築も急務である。効率的な流通機構が存在しないと，外資系メーカーのニーズに応答できない。これは市民生活の非効率性に直結する。

国営系企業と民間企業との間には，本来，雇用と失業に関する考え方が異なっている。しかし，一般に，人は産業部門間ではなく，産業部門内で移動する[15]。つまり，競争力が強化されないと，新規の雇用は創出されないのである。競争力は効率アップから備わる。外資の進出はこれを可能にする。ルーマニアの民営化が如実にこれを示している。

註
(1) Grigore Pop-Eleches, Separated at Birth or Separated by Birth? —The Communist Successor Parties in Romania and Hungary—, *East European Politics and Societies*, Volume 13, Number 1, Winter 1999, pp. 117 – 147.
(2) Ion Anton, Economic Reform in Romania, *Economic Reform Today*, Working Papers, Number 1, September 1994.
(3) Peter Siani–Davies, Romanian Revolution or Coup d'etat? —A Theoretical View of the Events of December 1989—, *Communist and Post–Communist Studies*, Volume 29, Number 4, December 1996, pp. 453 – 465.
(4) 1996年までのルーマニア経済の改革については，拙稿「新生ルーマニア経済改革の基盤」（森田憲編著『紛争地域現代史④—中東欧—』同文舘，1996年)，並びに拙稿「ルーマニアの経済再建」(拙共著『新版・現代バルカン半島の変動と再建』杉山書店，1999年）を参照されたい。
(5) ルーマニア統計局による。
(6) Deloitte and Touche, *Romania, Economic Overview*, 1999.

(7) Junior R. Davis, Angela Gaburici, Rural Finance and Private Farming in Romania, *Europe–Asia Studies*, Volume 51, Number 5, July 1999, pp. 843 – 869.

(8) Laurentia Stelea, RomTelecom: A Crucial Push will Follow, *Invest Romania*, No.6, 1997.

Romania's Privatization Process, The *Romanian Digest*, Vol. IV, No. 1, January 1999.

(9) Cristian Pavel, The Romanian Railroad Hooks on to Europe, *Invest Romania*, No. 7, 1998.

(10) 『ジェトロセンサー』1999年11月号, 45ページ。

(11) Romanian Banking Associationが公表した資料による。

(12) *Euromaney*, April 1999, pp. 94 – 98.

(13) ルーマニア商工会議所並びにルーマニア国家商業登録局が公表した資料による。

(14) 本節の叙述は主として次の文献に基づいている。

Roland Berger & Parter SLR, Making Distribution Your Company's Comparative Advantage, *Major Companies of Romania*.

(15) Valentijn Bilsen, Jozef Konings, Job Creation, Job Destruction, and Growth of Newly Established, Privatised and State-Owned Enterprises in Transition Economies : Survey Evidence from Bulgaria, Hungary, and Romania, *Journal of Comparative Economies*, Volume 26, Number 3, September 1998, pp. 429 – 445.

Ⅳ 南東ヨーロッパ社会の経済復興と構造改革

2 ブルガリアの産業社会と企業経営

(1) 新興経済国・ブルガリアの成立

　ブルガリアにおいても，ルーマニアと同様の政治的変質を背景に，1996年11月以降，経済変革に弾みがつくようになった。大統領並びに議会で民主勢力同盟が牽引力を発揮するようになったからである。経済変革の中核は，やはり民営化を中心とする構造変革である。国営企業をリストラした上で民営化する。そして，その民営化には外国資本を積極的に適用する。結果，企業統括が貫徹されていく。こうした構図で経済変革を仕上げることをブルガリア当局は意図している。

　ブルガリアの人口は僅か836万人で，市場としては魅力に乏しいけれども[1]，競争力強化を狙う日欧米企業にとって，生産拠点としての利点は充分に備わっている。外資を巧みに活用できれば，ブルガリア産業は息を吹き返すに違いない。この時，ブルガリアもまた，名実ともに新興経済国の仲間入りを果すことができる。

　本節では，ブルガリアの産業社会を企業経営の視点から観察することによって，新興経済国・ブルガリアの成立過程を描いてみたい。特に，中小企業と国営企業の民営化に議論を絞って分析を試みる。この作業を経て，ブルガリア産業の課題を考察しよう。では，まずはブルガリアのマクロ経済の現状を把握しておくことにしよう。

(2) ブルガリア経済とカレンシー・ボード(通貨委員会)

 1995年12月14日,ブルガリアはEUへの加盟を申請した。とは言え,97年を迎えるまでは,同国の経済変革は一向に進展しなかった。名目GDPは95年の130億ドルから,その翌年には95億ドルに低下した[2]。これに伴って,国民1人当りGDPも同様に1,543ドルから1,129ドルにまで急落した。経済規模は縮小する一方だった。

 ハンガリーやポーランドでは,89年以前に政治・経済改革を学習していた。改革への取組みやその姿勢は,当時既に確立されつつあった。ところが,バルカン半島では,改革の旗手は不在だった。勿論,旧ユーゴスラビアは例外的な国家である。ブルガリアは旧ソ連邦によって完全に支配されていたがために,自己主張できる人材が乏しかった。改革は遅々として進まなかった。

 93～94年期では,政治危機が同国を襲った[3]。96～97年には今度は経済危機に見舞われた。その元凶は銀行部門にあった。従って,実質的には金融危機と言える。金融機関はとにかく不良債権を積み増して,流動性不足に陥った。これを処理すべく,政府が国債を発行して債務と交換した。そして,この国債を中央銀行が購入し,新規の中期公債に転換した。その結果,政府債務が増大し,中央銀行による通貨政策に支障を来したのであった[4]。

 ブルガリアは本来,カスピ海や中央アジアから産出される資源の経由地としての役割を担えるにもかかわらず,その重要性を対外的にアッピールできないでいる。ルーマニアとともにバルカン半島におけるハブとなれるだけの潜在力を秘めているはずなのである。

Ⅳ 南東ヨーロッパ社会の経済復興と構造改革

表 Ⅳ-3 ブルガリアのマクロ経済指標

	1993	1994	1995	1996	1997	1998	1999 [1]
民間部門(対GDP比:％)	25	30	35	42	50	62	—
GDP成長率(％)	-1.5	+1.8	+2.1	-10.9	-6.9	+2.5	+2.0
インフレ率(年末:％)	63.8	121.9	32.9	310.8	578.6	1.0	6.3
財政収支(対GDP比:％)	-10.9	-5.8	-6.4	-13.4	-2.6	+1.0	-2.8
経常収支(対GDP比:％)	-12.8	-2.1	-0.5	+1.2	+4.2	-1.2	-3.9
対外債務(対GDP比:％)	128	117	78	98	97	84	—
外貨準備金(10億ドル)	0.7	1.0	1.2	0.5	2.2	3.1	—
外国直接投資(100万ドル)	40	105	82	100	497	364	500
為替相場							
(対1ドル:年末)	33	66	71	585	1,785	1,666	—
(対1マルク:年末)	15	43	49	376	993	1,000	—

(注) 1) 予測
(出所) *The Banker*, June 1999, p. 44.

さて,96年のインフレ率は311％を記録し,同時に通貨・レバは3,000％も切下がった(表Ⅳ-3参照)[5]。通貨の信頼喪失は必至の情勢となった。これがインフレのスパイラル現象を誘発した。また,市場のドル化現象も進んだ。外貨準備金は4億1,700万ドルまで減少し,輸入1カ月分しか賄えなかった。

中央銀行が財政赤字を補填するなどして,通貨供給量を増大させたにもかかわらず,ブルガリア社会は流動性不足に直面した。これが金融機関を破綻に追い込んだ。銀行部門資産の80％を占める国営銀行10行の内9行がマイナス資本となり,全銀行資産の半分以上が不良債権化した。96年までに金融機関の3分の1が閉鎖されてしまった。残余の銀行に中央銀行が資金を投入したために,これが再度インフレの元凶と化した。この点については,既に触れた通りである。

勿論,市民生活は貧困化した。市民は不満を政府に向けるようにな

った。結果, 政権交代を余儀なくされた。従来の安定化プログラムで同国経済を再建することは不可能だということが判明した。

この文脈において, 97年はブルガリア経済変革にとっての第2の出発点と位置づけられる。そのスローガンはブルガリア2001である。そして, その目玉はカレンシー・ボードの適用（97年7月1日）にある。その導入目的は, 上述の経済金融危機からブルガリアを救うことにあった。殊に, ハイパー・インフレ（97年1月のインフレ率は年率で500％, 同年3月には2,000％に達していた）を収束させることと, 通貨下落に終止符を打つことにあった。

ところで, ブルガリアのカレンシー・ボードではアンカー通貨はドイツマルク, 将来的にはユーロと規定された[6]。そして, 1マルク＝1,000レバで固定された。組織的構造については, イギリスをモデルにして, 中央銀行を発券部門とバンキング部門とに大別された。発券部門は, 外貨と金（外貨準備金）による裏づけで通貨供給量と為替相場を決定する。財政赤字の補填や商業銀行向けのために通貨を供給しないという方針が打ち出された。

一方, バンキング部門は, 必要以上の外貨供給に応じることができるように配慮された。そして, 流動性の危機に備えることをその目標とされた。全体として, 外貨と貯蓄の増大が外貨準備金の積み増しに貢献するようになり, これが通貨の安定につながるように意図された。更には, 外国資本の流入が企業統治という概念を浸透させ, 民営化が促進していくことも期待された。

では, カレンシー・ボード導入の成果はどうか。この点を検討しよう。インフレ率に関しては, 98年半ばには13％にまで下がり, 同年末には1％とゼロ水準に限りなく接近した。外貨準備金は30億ドル以

Ⅳ 南東ヨーロッパ社会の経済復興と構造改革

上にまで回復し,輸入の6.4カ月分を確保できるに至った。公定歩合は5.3％（98年10月）まで引下げられた。金融危機の際には200％にまで引上げられていたことを考えると,極めて正常な水準を維持できるようになったと診断できよう。ブルガリア・ブレイディー債も97年10月までに82セント（86年9月で41.4セント）にまで回復し,取引されるようになった。

このように,カレンシー・ボードの導入はブルガリア経済に安定性をもたらした。マクロ経済,延いては市場の安定は,当該政権に対する信頼の回復に直結する。更には,国家全体の安定へと結びついていくのである。こうなって初めて,中小企業のビジネス環境を整えることができるし,民営化も軌道に乗せやすくなる。

ただ,コソボ紛争が原因で輸出面（ブルガリアの輸出の半分はEU向け）で被害が出たことは確かである。紛争中,1日に150万ドルの損失だったという。加えて,99年には10億ドル程度しか直接投資の流入が見込めなくなった。これは年初予測の半分に過ぎない。99年上半期（1〜6月）のGDP成長率は0.5％に留まった。他方,民間部門のGDPに占める比率は54％に上昇した[7]。

確かに,ブルガリア経済にとって,コソボ紛争による打撃は多大であった。しかし,国際金融機関から支援を得て,今後それを克服できるだろう。それだけブルガリア経済の足腰は強くなってきた。民営化の成果が表出してくれば,同国経済は良い方向に向かうものと思われる。

(3) ブルガリア産業と中小企業

ブルガリアでは，ここにきて漸くマクロ経済が安定化に向かい，国営企業の民営化も加速してきている。金融市場が整備されれば，投資の基盤を強化できることが可能となる。ブルガリア産業社会は明るさを取り戻しつつある。もう一方で重要な点は，中小企業の動向だ。スモール・ビジネスの重要性は，今やグローバル規模で認識されるようになってきている。

ブルガリア国家統計局の資料によると，96年段階で民間企業数は20万件に達していた。その半分が商業部門に帰属し，工業部門に属するのは16.8％に過ぎない。更に，その90％が従業員3人以下の零細企業である。また，その70～80％がファミリー・ビジネスである。そして，民間企業の80％が2万マルク以下の純利益に甘んじている。加えて，民間企業の75～80％は自己資本による。当時，GDPの51.9％を民間企業が創出していた。

ところで，ブルガリアでは，従業員数が50人以下で，資産が平均月収（企業レベル）の5,000倍以下の企業を小企業，同じく従業員数が100人以下で，資産が平均月収（同）の1万倍以下のものを中企業と規定されている[8]。自己資本だけで中小企業が繁栄することは有り得ない。中小企業をビジネス・インキュベーターと位置づけた上で，サポートシステムを整備する必要がある。

中小企業への融資は，96年6月時点では3,200万ドルしか実施されていない。とは言え，内外からの基金は既に設置されている。これを紹介しておこう。

Ⅳ 南東ヨーロッパ社会の経済復興と構造改革

まず、外国からの民間投資基金である。総額では1億ドルの規模となる。例えば、ブルガリア・アメリカ・企業基金では10万ドルから100万ドルの範囲で投資されている。業種別で見ると、農業・アグリビジネスの占める比率が最も高く、37％となっている。以下、製造業27％、サービス業13％、ホテル・観光業12％、不動産業6％、運輸・流通業4％、小売業1％、となる。

Caresbacという基金では、25,000～20万ドル規模の投資が主流で、食品加工・アグリビジネスに集中している。また、ユーロマーチャント・バルカン基金は50万～400万ドルの範囲で投資が行われており、工業、消費財、パッケージなど比較的中・大規模の業種が集中する。

これらに加えて、100万～300万ドル規模の投資に応答できるユーロバランス、イヴェスコ（IVESCO）、ニューセンチュリーホールディングなどの基金が設置されている。併せて、EBRD（欧州復興開発銀行）やアメリカ政府もブルガリア中小企業の振興を支援している。

次に、ブルガリアの国内民間投資基金に触れておこう。ここでは20万～100万ドルの範囲内で短・中期向けの投資が中心となっている。例として、ブルガリア投資基金やラズヴィーチエ（Razvitie）を挙げることができる。また、ブルガリア政府が設置した基金であるかブルガリア中小企業基金も存在する。この基金は、EUのPHAREプログラム（中東欧支援計画）から100万エキューを得て創設された。固定資産1,000万レバ、従業員5～20人の中小企業が支援対象となる。

こうした中小企業支援基金は、全体で60万件の中小企業による事業に融資してきている。しかしながら、投資額では5万ドル以下が大半で、全体の60％を占める。5万～50万ドルは30％、50万ドル以上（上限は400万ドル）は10％に留まっている。

そこで，こうした状況を打破するために，ブルガリアでは小規模企業局が設立されている。同局には中小企業の登録という仕事に加えて，基金が三つ設置されている。第1は信用保証基金で，中小企業が金融機関から融資を受けた場合，その85％までを保証するものである。第2は小規模プロジェクト融資である。この基金は，企業設立の際に低利で融資してくれる。第3は教育プログラム融資である。同基金は，中小企業の従業員に対する教育や経営面の訓練に充当する資金として活用できる。

　更に加えて，公的機関として民間経済企業同盟が創設されている。新規企業の事業環境の整備をその目的としている。企業家訓練センターがその内部に設置されている。併せて，新規企業の支援やコンサルタント業務の円滑化を目的として設立されたユーロ・インフォ・コレスポンダンス・センターがあり，EUのPHAREプログラムから資金援助を得ている。

　しかしながら，ブルガリアの中小企業は，全体として資金不足や高金利，それに金融機関の貸し渋りなどの問題に喘いでいる。人的資源の欠乏という問題も深刻だ。故に，基金の存在が不可欠となるのである。中小企業がブルガリア産業の担い手となるには，今暫くの時間が必要だろう。

(4) 民営化と経営変革

　ブルガリアの産業振興にとって重要なのは，前項で検討した中小企業と，これに加えて国営企業の民営化である。ブルガリアの民営化の出発点は，1992年に公布された国営・公営企業変革・民営化法にある[9]。

Ⅳ　南東ヨーロッパ社会の経済復興と構造改革

その当初，ヴァウチャー（民営化証券）によって国有資産の36％が民営化されたけれども，実質的な意義を伴ってはいなかった。

一方，既に触れたブルガリア2001年計画，すなわち経済の回復と成長のプログラムでは，民営化がその中核に据えられた[10]。この計画に基づいて，国有資産の60％が民間の手に渡ることになった。従業員や経営陣，それに国内外の投資家に国営企業を売却することが意図された。その収益は債務返済に充当される。また，一部の国営企業は閉鎖されてしまった。

民営化に対しては，EUのPHAREプログラムと国連（UN）の国際開発局が支援している。企業の売却は民営化局を通じて実施されている。資産20万ドル以上の企業400社は，売却を控えて関係省庁に移転された。加えて，97年10月には証券取引所が開設されている。ここでは10万株のうち4,000株をABNアムロ，ING，ソシエテ・ゼネラルといった外資系の銀行が保有するようになった。

97年の民営化収入は5億7,300万ドルで，96年実績の3倍に相当する[11]。98年のそれは5億1,800万ドルであった。目標額は6億6,500万ドルであったが，それでも1,000社の売却が完了した。大規模民営化として，ブルガリア・ポスト銀行（3,800万ドルの売却額），ドゥルージュバ・グラス，ソーディ（世界最大の合成ソーダ灰生産企業）の株式60％の売却，を挙げることができる。

99年の民営化企業数は1,000社，その収益額で10億ドルが目標とされている。この民営化過程において，国営企業の赤字は，96年の13億ドルから97年には3億ドル，98年には1億ドルにまで激減した。これには95年に赤字を出した国営企業の28％が清算されたことも寄与している。

銀行の民営化も軌道に乗りつつあるが，まずはここで一般企業の民営化プロセスを追跡して，その後，銀行の民営化過程を検討対象としよう。

既述のソーディ・デヴニヤ（Sodi Devnya）社の株式60％を1億6,000万ドルで購入したのは，投資会社のソルヴェイ（Solvay）社であった。ソルヴェイ社は，ソーダ灰の生産拡大とプラントの環境問題改善のために，今後2年間で6,700万ドルを投資する計画を立てている。

銅生産企業のMDK（96年の取引額は3億1,390万ドル）の株式56％分は，8,000万ドルでベルギーのユニオン・ミニエール・グループ（Union Minière Group）に売却された。同グループは，銅精製設備向けに今後5年間で2億2,000万ドルを投資する予定である。

スイスのホルデルバンク（Holderbank）は，ベロイズヴォルスキ・セメントの株式51％を3,250万ドルで取得した。更に，5年間で3,100万ドルが投資される見通しである。

アルベナ・シーサイド・リゾートの株式30％は，10,110,640ドルでパリ国立銀行のロンドン支店のコンソーシアムが購入した。同時に，ゴールデン・サンズ・リゾートの場合では，ホテル26件，観光コンプレックス7件，レストラン6件の入札による民営化が計画されている。その収益は4,000億ドルが見込まれているという[12]。このリゾート地では，ロシア企業とによる合弁事業も同時に推進される。

農業企業については，97年に100社が民営化された[13]。しかしながら，外国人投資家に売却されたのは1社のみで，86社は国内の入札で売却された。残余の32社は経営陣の手に渡っている。これで，93年以降に民営化された農業企業は226社に達した。総額で460億レバに匹敵する。

ⅳ 南東ヨーロッパ社会の経済復興と構造改革

　また，肥料会社・アグロポリヒムの株式63％がアメリカのハードランド・インベストメンツとベルギーのユニオン・ミニエールのブルガリア子会社から成る企業連合（Acid and Fertilizers）に無料で譲渡された。アグロポリヒムは9,300万レバの負債を抱えており，企業連合は今後5年間に1,500万ドルを投資する[14]。

　最近の事例では，ブルガリア・テレコムを挙げることができよう。同社の民営化は，ギリシャとオランダの企業連合，OTE・KPNとの交渉を通じて完了した[15]。

　さて，ここにきて，銀行部門の民営化にも拍車が掛かるようになってきた。逆に言うと，ブルガリアの国営銀行の民営化は先送りされてきたのである。政治・経済情勢が不安定で，不良債権問題を処理できていなかったわけだから当然のことであろう[16]。

　従って，銀行の民営化の場合，その目的としては，まず経営の健全化を挙げるべきだろう。これを踏まえた上で，今後，総銀行資産の80％に相当する7行が民営化されることになった。7行のうち2行は外国人投資家に売却された。99年には更に2行，2000年には1行が民営化される予定である。この過程をもう少し詳しく見てみよう。

　ユナイテッド・ブルガリアン・バンクの民営化は，97年に終了していた。同行は銀行資産の11％を占有するブルガリアの大銀行である。アメリカの投資会社・オッペンハイマーが同行の株式30％を取得した後，アリコに17％を売却している。また，欧州復興開発銀行が35％を取得した。残余の35％分については，ブルガリアのブルバンク（Bulbank，旧外国貿易銀行）に移転された。

　ポスト・バンクは98年11月に民営化を終えた。株式78％（3,800万ドル相当）がコンソーシアム（AIG'sアリコ，ギリシャのCEGグループ）

に売却された。

　黒海のヴァルナ港を拠点とするエクスプレスバンクは、フランスのソシエテ・ゼネラルが99年9月27日に約3,900万ドルで買収した[17]。ソシエテ・ゼネラル側は97.95％の株式を取得している。

　既出のブルバンクの民営化は99年末から開始される予定となっている。2000年にはプロヴディフを拠点とするヘブロス・バンクの民営化が計画されている。残余は、ビオヒムバンクと国家貯蓄銀行になった。前者は不良債権が莫大で、現在、イギリスのグレンデイルの指導下にある。後者については、商業銀行としてリストラされることになっている。

　このように、一般企業の民営化についても、また銀行のそれについても、外国資本が投下されて初めて、本格化するようになった。外資の注入が大型の民営化を可能にするからである。銀行のケースで言うと、全銀行資産の30％以上が外資で占められることとなった。いずれにせよ、経済成長のエンジンが民間企業であることには些かの変化もない。この民間企業がマーケット・シェア（市場占有率）を上昇させた時、当該企業の業績が改善するのである[18]。

　ブルガリアの大企業では、少しずつ旧ノーメンクラトゥーラ（赤い貴族）の残党が消え去っている[19]。一方、企業家精神が徐々に育まれつつある。特に、これは都市部の若年層に顕著である。こうした動きは、新規の雇用機会の創出に連動する[20]。この良きサイクルがブルガリア社会に豊かさをもたらす。

Ⅳ 南東ヨーロッパ社会の経済復興と構造改革

(5) 課題と展望

　ブルガリア経済が漸く安定の方向へ向かい始めた頃，コソボ紛争が勃発した。冷戦終結後，バルカン半島は却って不安定化した。旧ユーゴスラビアの解体，これに伴うボスニア・ヘルツェゴビナ紛争，アルバニアの危機，コソボ紛争など，次々と不安定要因が生じた。この大半がミロシェビッチ独裁政権を元凶とするものである。周辺国はその被害者である。

　しかしながら，バルカン半島諸国は，将来的にはセルビアとの関係を改善して，南東欧地域全体を安定の方向へと導いていかざるを得ない。これには，南東欧域内で共同インフラを開発するプロジェクトが有効だろう。次に，対EU輸出増強を視野に入れた，食品加工業の発展が重要な鍵となろう。これはEUに対する比較優位を保持するものと思われる。だが，外資なくしてこうした戦略は実現し得ない。外資の流入が，南東ヨーロッパ産業の競争優位を創出する原動力となるのである。

註
(1) Fareed M. A. Hassan, Željko Bogetić, Effects of Personal Income Tax on Income Distribution: Example from Bulgaria, *Contemporary Economic Policy*, Volume XIV, Number 4, October 1996, pp. 17 – 28.
(2) U.S. Department of Commerce, *Bulgaria: Economic Policy and Trade Practices Report*, January 1998.
(3) Albert P. Melone, The Struggle for Judicial Independence and the Transition toward Democracy in Bulgaria, *Communist and Post-Communist*

Studies, Volume 29, Number 2, June 1996, pp. 231 – 243.

(4) Z. Balyozov, "Ailing" Banks and their Restructuring, *Bank Review*, No. 3, 1995, pp. 1 – 7.

(5) *Bulgarian Human Development Report*, 1998, Sofia.

(6) *IMF Survey*, Volume 28, Number 10, May 24, 1999, pp. 171 – 172.

(7) 『東欧ファイル』第508号（1999年10月6日），共同通信社，35ページ。

(8) Center for the Study of Democracy, *Policy and Legal Environment for the Growth of the SME Sector in Bulgaria*, January 1997, Sofia.

(9) Alexander Stoyanov, Economic Reform in Bulgaria, *Economic Reform Today*, Working Papers, Number 3, September 1994.

(10) *Euromoney*, January 1998, pp. 116 – 117.

(11) *The Banker*, June 1999, pp. 43 – 45.

(12) *Troud Newspaper*, February 11, 1998.

(13) *Ibid.*, January 7, 1998.

(14) 『東欧ファイル』第509号（1999年10月13日），共同通信社，37ページ。

(15) 同上，第509号（1999年10月13日）2ページ。

(16) Sonya Dilova-Kirkowa, Corporate Governance in Bulgarian State-owned Banks, 1992 – 1997, *Post-Communist Economies*, Volume 11, Number 2, June 1999, pp. 253 – 265.

(17) 『東欧ファイル』第508号（1999年10月6日），共同通信社，3ページ。

(18) Derek Jones, Mark Klinedinst, Charles Rock, Productive Efficiency during Transition: Evidence from Bulgarian Panel Data, *Journal of Comparative Economics*, Volume 26, Number 3, September 1998. pp. 446 – 463.

(19) Alexander Stoyanov, Private Business and Entrepreneurial Inclinations in Bulgaria—Overview of Communist and Post-Communist Arrangements—, *International Journal of Sociology*, Volume 27, Number 3, Fall 1997, pp. 51 – 79.

(20) Krassimira Svedkova, Unempoyment Insurance in Bulgaria and other East European Countries: The Transition to a Market Economy, *International Social Security Review*, Volume 49, April 1996, pp. 39 – 52.

Ⅳ　南東ヨーロッパ社会の経済復興と構造改革

3　アルバニア経済社会の再建

(1)　コソボ紛争後のアルバニア経済

　欧州では，アルバニアは欧州の最貧国，異端児として知られていた。そのため欧州各国はアルバニアとは一線を画してきた。鎖国状態から脱却したものの，それでもアルバニアはある意味では孤立していたのである。1997年にはねずみ講式投資会社が相次いで破綻し，アルバニア社会は大混乱に陥った。今でも国内，殊に北部の治安は悪い。社会党と民主党との対立の解消がまず肝要である[1]。

　一般に，アルバニア人は洗練された民族ではないと言えるだろう。社会的モラルが欠如しているからである。その一例を示そう。アルバニアでは平均月収が70ドル程度であるにもかかわらず，乗用車数は50万台にも及ぶ。そのうち60％がメルセデス・ベンツだと言われる。6カ月程度の中古のメルセデス・ベンツが，1台13,000ドルで売買される。その90％が盗品なのである。フランクフルトで車を盗み，オーストリア，スロベニアを経由してクロアチアのリエカまで運ぶ。そこからフェリーでドゥラス港まで運搬するのである。盗品を売って生計を立てるアルバニア人がいるということだ。加えて，7億ドルとも言われる移転所得がアルバニアに毎年流入する。中古車市場はこういったメカニズムで活況を呈しているのである。残念ながら，これがまた経済成長の原動力になっている[2]。

こうした状況であるにもかかわらず，コソボ紛争を契機として，国際社会のアルバニアを見る眼が激変した。コソボから流出した難民をアルバニアが受け入れ，国際社会がこれに着目したからである。結果，アルバニアも支援の対象国となった。そこで，アルバニア政府側は，次の四つの開発プロジェクトを立案して，バルカン版マーシャル・プランとして起動させようとしている[3]。

　第1に，水力発電計画である。北部を流れるドゥリーニ川に五つの水力発電所を建設しようとするものだ。次に，ドゥラスからクーカス，そしてコソボのプリズレン，マケドニアのスコーピエ，ブルガリアへと至る産業道路の建設計画である。第3に，港町・ドゥラスの港湾開発プロジェクトである。最後に，南部の都市，サランダにおける観光開発だ。これは総経費7億ドルに達するホテル村構想である[4]。

　インフラを整備して，安価な労働コストを活用し，外国資本を呼び込もうとするアルバニア政府の意図を読み取ることができる。ここにきてアルバニアも漸く，本気で民営化に取り組もうとする姿勢を示し始めた。電話，石油，鉱山などの基幹企業までもが，外国企業を含む民間に売却されることになった。併せて，99年中にWTO（世界貿易機関）に加盟することが決定している[5]。

　アルバニア経済は今，国際社会からの援助と外国（特にギリシャとイタリア）におけるアルバニア人出稼ぎ労働者による所得によって支えられている。前者は政府（公的部門）に流入し，後者は民間部門で活用されている。本節では，この構図を浮き彫りにしたい。

Ⅳ 南東ヨーロッパ社会の経済復興と構造改革

(2) アルバニア経済と対外援助

　97年にねずみ講式投資会社が破綻したことを受けて，アルバニアは金融不安に襲われた。アルバニア政府はIMFに金融援助を要請したIMFは98年5月13日，3カ年計画に基づく3,530万SDR（約4,750万ドル）の融資を承認した[6]。そのうち3分の1が実際に拠出された。

　このIMF融資を基盤に，98年にはマクロ経済政策と構造改革とが奏功し，経済は安定の方向に向かった。すなわち，産出の回復に加えて，インフレが鎮静化し，外貨準備金も充実したのであった。98年6月現在の外貨準備金は6億430万ドルである[7]。

　ところが，99年のコソボ危機の際には，コソボからアルバニアに多数の難民が流入した。この時，社会・経済インフラの未整備による歪みが表面化して，財政収支と経常収支とが悪化した。そこでIMFは再度，融資活動でアルバニアを支援する方針を打ち出し，2,150万SDR（約3,000万ドル）の融資を承認した。3,530万SDRから実際に拠出された金額を差し引いて，今回の2,150万SDRを加えると，全体で4,500万SDR（約6,060万ドル）の供与が約束されたことになる。

　金融機関のリストラ努力を所与として，IMFの融資支援は，全体として通貨計画の下で民間融資が拡大していくことをその狙いとしている。適切な通貨政策に加えて，価格が安定すると，金利は低下していくものである。それは民間投資の呼び水となる。

　現在のメイダーニ政権の基盤は意外と強固だが，税システムを拡充して，財政を充実させていくことが同政権の課題と言えよう。これには，金融機関や戦略企業（基幹企業）の民営化と不動産市場の流動化

表 IV-4 アルバニアのマクロ経済指標(1)

	1996	1997	1998[1]	1999[1]	2000[2]	2001[2]	2002[2]
実質 GDP 成長率(%)	9.1	-8.0	12.0	8.0	8.0	8.0	8.0
小売価格上昇率(%)	17.4	42.1	8.7	7.0	5.0	3.0	3.0
財政赤字(対 GDP 比:%)	10.6	10.8	6.4	5.5	4.3	3.3	2.5
経常赤字(対 GDP 比:%)[3][4]	-9.1	-12.1	-6.1	-11.9	-8.6	-7.2	-6.1
外貨準備金(財・サービス輸入:月)	3.1	4.5	4.7	3.7	3.8	3.6	3.5

(注) 1) 予測, 2) 計画, 3) 1999年については、コソボ危機関連の人道的援助の流入分を除く, 4) 公的移転を除く

(出所) *IMF Survey*, Volume 28, Number 12, June 21, 1999, p. 203, James P. Korovilas, The Albanian Economy in Transition: the Role of Remittance, and Pyramid Investment Schemes, *Post-Communist Economies*, Volume 1, Number 3, September 1999, p. 401. より作成。

が貢献するものと考えられる。

　さて、アルバニアの99～2000年の戦略について触れると、年間成長率は8%、インフレ率は工業国並みと見通されている（表Ⅳ-4参照）。コソボ危機のアルバニア財政に対する影響は、1億5,400万ドル（GDPの4%に相当）と概算されている。だが、アルバニア当局は99年度の財政赤字を対GDP比で5.5%に抑制する計画を立てた（2000年度についても、同じく4.3%に設定されている）。IMFはこうした目標の達成を支援すべく、融資を供与したのである。

　また、中期戦略としての構造改革における優先分野は、次の通りである。第1に、金融システムのリストラである。第2に、戦略部門の民営化を推進していくことだ。第3に、税基盤の強化である。

　アルバニアでは、自由・開放貿易システムは確立されているけれども、財政基盤が極めて脆弱なのである。民間部門は後で述べるように出稼ぎによる所得が支えている反面、財政は相変わらず対外援助に依存しているのが実状である。ここから脱却するには、民営化を中核と

する構造改革を推進していく以外に方策はない。次に，この点を追求してみよう。

(3) 民営化と経営変革

　市場経済移行国にとって民営化は重要な位置を占めるのだが，アルバニアにとってのそれ（私有化を含む）は特に重要な意義を持つ。第1に，アルバニアの76年憲法では，私有制が全面的に禁じられていた点である。第2に，他の旧社会主義国と比べても，アルバニアは共産主義時代に集権化が極端に進んでいたことだ。第3に，外国資本の流入も厳禁であった。それゆえに，アルバニアには市場経済のための制度が皆無だった。

　従って，アルバニアにとっての私有化とは，ホッジャ時代の償いとしての意味合いも込められているのである。と同時に，民営化への道程は長く険しい。かつ，企業統治という概念は，民営化プログラムが作成されている段階においてでさえも，意識されなかったのである。要するに，アルバニアでは民営化の真意が理解されていなかったと指摘できよう。

　さて，アルバニアでは，住宅，農地の私有化や小規模企業の民営化は，91年3月から順調に進展した[8]。中小企業（帳簿上の価値で50万ドル以下，従業員数300人以下）については，現金による民間への売却が中心だった。ここに民営化証券（民営化レク，レクとはアルバニアの通貨名称）が導入されるようになってからは，これも利用された。中小企業の民営化はインサイダーによるそれだけれども，95年までにはほぼ完了した。

表 IV-5 アルバニアの民営化の進展状況
(1997年末現在)

(単位:％)

	全企業に占める比率	従業員の占有率	資産価値の占有率
マス民営化	5	8	6
他の方法	56	34	25
政府保有率	38	58	70

(出所) Iraj Hashi, Lindita Xhillari, Privatisation and Transition in Albania, *Post-Communist Economies*, Volume11, Number 1, March 1999.

　大規模企業の民営化は, 上記の民営化レクに加えて, 別の民営化証券 (bono privatizimi, 有効期限は99年まで) を利用して, 95年5月から開始された。この民営化証券に関しては, 2万レク相当のそれが55歳以上の成人に, 15,000レクは35歳から55歳の成人に, 18歳から35歳の成人には1万レクの証券が配布された。97年末現在の民営化の進展状況は, 表IV-5の通りである。

　ところが, アルバニアの民営化は, 98年3月を境に転換期を迎える。基幹産業に相当する企業の民営化に当局が取り組み始めたのである。つまり, 戦略部門 (通信, 電力などのインフラ, 鉱業など) を内外の投資家に広く開放されることになったわけだ。そして, 民営化証券の利用を20％までに抑制することになった。というのは, 民営化証券の価値が暴落して, 利用できなくなりつつあるからである。

　いずれにせよ, アルバニアの民営化は新しい段階を迎えるようになった。外国資本が要請される段階に至ったのだ。これを実現するには, カントリー・リスクを全体的に下げる努力をしていかねばならない。と同時に, 外貨の節約に傾倒する必要もあろう。アルバニアは現在,

Ⅳ 南東ヨーロッパ社会の経済復興と構造改革

相当程度,食品を輸入に依存している。だが,アルバニアは今でも農業国であることを忘れてはなるまい。

アルバニアでは,農業がGDPの55.4％を創出し[9],労働力の半分を吸収している[10]。ただ,アルバニアの農業においては,規模の経済性が欠如し,技術進歩が進んでいない。結果,生産性の低下が著しい。これが農業生産の停滞の原因となっている[11]。

(4) 海外送金と民間部門

アルバニア人は,鎖国時代の反動のためか,それとも雇用の機会が乏しいためか,外国に流出する傾向が強い[12]。アルバニア人海外労働者は年間平均で40万人(総人口の約8分の1)に達し,主にギリシャやイタリアで出稼ぎ労働に従事している。外国で稼いで外貨を持ち帰ってくると,英雄扱いされる。羨望の眼差しで見られる姿は,筆者もアルバニア滞在中,よく見かけたものである。

その移転所得(海外送金)は年間7億ドルに達し,今日の経済成長の源泉となっている。アルバニアのGDPが27億ドル(98年)[13]なので,実に海外送金額はその4分の1に相当する。これが貿易赤字を相殺するだけではなく[14],インフレの抑制,為替相場や通貨価値の安定に貢献している[15]。それだけではない。97年の成長率がマイナス8.0％であったにもかかわらず,その翌年にはプラス12.0％にまで回復したのは,この海外送金があるからに他ならない。

政府のマクロ経済政策や民営化が奏功したことも否定できないけれども,経済安定の主たる原因はこの海外送金のお陰である。であるがゆえに,ねずみ講式投資が壊滅した後でさえも回復が早かったわけで

ある。勿論，海外送金による外貨がねずみ講式投資の源泉であったことは言うまでもない[16]。

(5) 総括と課題

コソボ紛争を契機として，国際社会が漸くアルバニアに着目するようになった。結果，公的部門に金融援助が確実に流入する運びとなった。アルバニアの孤立化は，名実ともに解消された。

他方，民間部門には相変わらず，海外送金が跡切れることなく流れ込んでいる。この両者がアルバニア経済の発展の源泉となっている。

しかし，問題は産業の発展が民間主導で展開できるか否かにある。経済発展を一時しのぎの外貨にのみ依拠するようでは，産業基盤は育成されない。アルバニアには今，もう一段グレードの高い経済発展手段が必要なのである。この点を次節で検討してみることにしよう。

註

(1) *The Economist*, October 30th – November 5th 1999, p. 57.
(2) *Business Week*, October 25, 1999, p. 4.
(3) 『日本経済新聞』1999年8月9日。
(4) 同上，1999年7月21日。
(5) 同上，1999年9月18日。
(6) *IMF Survey*, Volume 28, Number 12, June 21 1999, pp. 201 – 203.
(7) *Albanian Observer*, Volume IV, Issue 7 – 8, 1998.
(8) Iraj Hashi, Lindita Xhillari, Privatisation and Transition in Albania, *Post-Communist Economies*, Volume 11, Number 1, March 1999, pp. 99 – 125.
(9) *Albanian Observer*, Volume IV, Issue 12, 1998, p. 44.

Ⅳ 南東ヨーロッパ社会の経済復興と構造改革

(10) Azeta Cungu, Johan F. M. Swinnen, Albania's Radical Agrarian Reform, *Economic Development and Cultural Change*, Volume 47, Number 3, April 1999, pp. 605 – 617.
(11) Michalis Hatziprokopiou, Giannis Karagiannis, Kostas Velentzas, Production Structure, Technical Change, and Productivity Growth in Albanian Agriculture, *Journal of Comparative Economics*, Volume 22, 1996, pp. 295 – 310.
(12) Social Insurance in Albania: A System in Transition, *International Social Security Review*, Volume 47, January 1994, pp. 73 – 79.
(13) *Albanian Observer*, Volume IV, Issue 12, 1998, p. 44.
(14) アルバニアの主要貿易相手国はイタリアで,1998年の数字で見ると,輸出の64％,輸入の45％をイタリアとの貿易が占有する。ギリシャは輸出20％,輸入29％,ドイツは輸出6％,輸入4％,となっている(*Albanian Observer*, Volume IV, Issue 3 – 4, 1999, p. 40)。
(15) Sulo Haderi, Harry Papapanagos, Peter Sanfey, Mirela Talka, Inflation and Stabilisation in Albania, *Post – Communist Economies*, Volume 11, Number 1, March 1999, pp. 127 – 141.
(16) James P. Korovilas, The Albanian Economy in Transition: the Role of Remittances and Pyramid Investment Schemes, *Post – Communist Economies*, Volume 11, Number 3, September 1999, pp. 399 – 415.

4 アルバニアの経済再建とクローム鉱の役割

(1) アルバニア社会の混迷

1997年1月,アルバニアでねずみ講式投資が破綻した[1]。これを契機に国民通貨・レク（lek）が急落し,輸入品価格が高騰した。市民生活は窮地に立たされた。同投資に対する利息は当初月間4～5％だったが,瞬く間にそれは12～20％にまで跳ね上がった[2]。投資商品が乏しいことに加えて,高利を求めて合法,非合法の現金が吸収された。投資会社は民主党を支持していた。96年5月の総選挙で民主党が大勝したのを受け,同年8月には1日に350万～400万ドルが投資されたという。

同投資の特徴は第1に,その生命の長さにある。実に約6年に亘って投資が続いた。第2に,人口の3分の1が投資したという層の厚さである。故に,その破綻による衝撃の大きさは想像を絶する。主要都市で大暴動が勃発したのはこれを端緒とする。

騒乱時に軍や警察の武器庫から略奪された銃は100万丁に上り,ヴローラ（Vlara）,ジロカストラ（Gjirokastra）,ベラート（Berat）等,主に南部の都市が危険地帯と化した。国内の治安部隊だけでは秩序回復が不可能だと判断され,イタリア軍を主導とする多国籍軍（Alba）が展開された[3]。97年6月に開催されたデンバー・サミットにおいても共同宣言の中にアルバニア情勢に関する文言が盛り込まれた[4]。併せ

Ⅳ 南東ヨーロッパ社会の経済復興と構造改革

て,欧州安保協力機構(OSCE)監視の下,総選挙が断行された(97年6月29日)。民主党が敗北し,社会党を中核とする野党連合が中道左派連立政権を樹立した。サリ・ベリシャ(Sali Berisha)は大統領を辞任し,新大統領には社会党書記長のレジェップ・メイダーニ(Rexhep Meidani)が選出された。彼は新首相として社会党議長のファトス・ナノ(Fatos Nano)を任命した[5]。

ナノ新首相(当時)は市場経済確立と外国投資向けの法的枠組みを強化すると言明した[6]。民間事業の重要性に理解を示すと同時に,そのルールの必要性を強調した。バランス感覚と国際的要因に対しても配慮している。貯蓄と投資に力点を置いたケインズ型経済政策の有効性をも力説した。この社会民主主義的な見解は現段階のアルバニア社会には正論である。ただ,彼のミスは既述の投資被害に対して損失補填すると公約した点である。実際に返済されれば,インフレ率の上昇は免れない。これは社会的弱者を圧迫する。経済変革の速度も間違いなく鈍化する。もって,同政権が近い将来に否定されるかもしれない[7]。現在,民主主義の在り方と質とが問われているのである。

アルバニア経済は依然として,発展途上にある[8]。工場設備の破壊によって生産力が大幅に低下した。これが輸入への依存度を高めた。貿易赤字は更に拡大した(但し,経常収支は海外送金が寄与して黒字を維持している)。カントリーリスクは確実に増大する。だが,経済は生き物だという側面も見逃せない。アルバニア経済を支えたのは元来生産活動ではない。

それは第1に,出稼ぎ労働者による海外送金,すなわち移転収入である。第2に,麻薬や武器の密輸による莫大な収入だ。この闇経済の規模は計り知れない。国内で人気の高いメルセデス・ベンツは中古車

表 IV-6　アルバニアのマクロ経済指標(2)

	1996	1997[1]
GDP(10億ドル)	2.74	3.32
GDP成長率(%)	8.7	7.7
インフレ率(%)	12.2	17.8
実質賃金上昇率(%)	9.7	7.2
失業率(%)	9.4	8.6
外国直接投資(100万ドル)	140	180
財政赤字(対GDP比:%)	6.5	7.5
対外債務(100万ドル)	804	940
経常赤字(100万ドル)	190	230
輸入額(100万ドル)	914	1,083
貿易赤字(100万ドル)	627	710

(注) 1)見通し
(出所) *Albanian Observer,* No. 6, 1997, p. 35.

市場で13,000ドルで購入可能だが、その90％が外国で盗まれたものだと言う[9]。第3の支柱は対外援助である。1991〜96年期に18億ドルもの援助が流入した[10]。外国企業による直接投資額も累積で2億7,000万ドル（国民1人当り85ドル）に上るが[11]、以上の要因と比べれば、相対的には微々たるものであることが判明する。

　従って、マクロ経済指標を一応提示しておくけれども（表IV-6参照）、インフォーマル市場が経済を支配するが故に、その数字を追跡することにはあまり意味がない。とは言え、フォーマルな金融市場の育成は焦眉の急である[12]。適切なバンキング・インフラの欠如がインフォーマル市場が蔓延する原因となる。ここに海外送金や密輸による現金が流入した。民営化証券の価値が暴落し（名目価値の僅か1.5％に急落し、紙屑同様となった）、高金利が原因で信用供与も活性化していないので、インフォーマル経済が成長に寄与したことは事実である。

だが，リスクは高い。一旦倒壊すると，立ち直りは不可能に等しい。それ故，消費主導型の成長から投資主導のそれへと転換を遂げることが，最優先課題となる。

ここでは「消費から投資へ」をキーワードに，アルバニア経済の成長パターンと産業構造調整にスポットを照射して分析を試みる。金融市場が未成熟な現状に鑑みると，資源の最適配分は市場に期待できない[13]。マクロ経済の均衡化を目指しながらも，戦略産業を育成せねばならない。以下ではまず，マクロ経済上の問題点を摘出する。そして，成長のエンジンと再度なし得る戦略産業へと議論を移行しよう。外国貿易の特徴を浮き彫りにすれば，鉱物資源，殊にクローム鉱に焦点を当てる意義が明白となろう。もって，経済再建の指針を提示してみたい。

(2) 経済問題の総点検

最新の統計資料によると，1996年のGDP（国内総生産）成長率は8.7％で，東欧圏で最高値だった。それでも89年水準の25％（約27億ドル）に過ぎない。農業，建設，サービスにおける民間部門が成長に貢献した。人口の65％が非都市部に居住し，就労者の50％が農業部門に吸収される。農業生産がGDPの4割強を占める。但し，投入財のマーケティングや流通チャネルは未確立である。機械化も遅れている。インフラ整備と住宅建設が堅調なことを受け，建設部門は15％の成長を遂げた。民間部門がGDPの65％を創出し，労働力の3分の2を受け入れる。今のところ農業と建設が成長のエンジンの役割を果たす[14]。

一方，国営企業はほぼ全滅の危機に瀕する[15]。これが多くの失業者

を生み出した。その一部は国内の民間部門と外国とに移動した。移転所得は年間で8億～10億ドルに及ぶ。国民1人当りGDPは700ドル程度（平均月間賃金は約65ドル）だが，実際の購買力は遥かに強い。ただ，海外移住は若年熟練労働者の流出という問題も引き起こしている。労働市場の活性化と社会保障の充実化は緊急課題の一つである。

ところが，財政赤字が社会保障の充実を阻止している。97年には前年の倍になる見通しである。ねずみ講式投資の損失補填の財源は何処にもない。財政赤字を埋めるのは国債と対外援助である。ねずみ講式投資の損害に国際社会からの援助を流用してはなるまい。併せて，財政赤字と通貨急落とがインフレ圧力として存する。投資損失を返済すると，現政権が解決すべき問題を自ら深刻化させてしまう。ここに現政権の混乱を見出せる。加えて，輸入額は増加の一途を辿っている。輸入とインフレのスパイラル現象が発生している。

この悪循環を断ち切るには，投資が成長のエンジンとなる経済構造に転換するしか方策はない。公共投資と民間投資の双方が相乗効果を発揮する。貯蓄と投資を刺激する税システムは所与の条件である[16]。公共投資は主にインフラ（社会的産業基盤）に振り向けられる。この財源にはODA（政府開発援助）が充当される。民間部門がその一部を担うのも必要だろう[17]。96年にはいわゆる人道的援助は流入していない。名実ともに援助から投資へとその意味内容が変質した。

他方，民間投資は国内投資と外国直接投資とに大別される。前者については，中小ビジネスによって建設ブームがまきおこっている。大暴動による影響は軽微だ。後者は徐々に増えている。ただ，1プロジェクト当りの投資額は87,000ドル（95年末）と，中・東欧平均（26万ドル）よりも規模が小さい[18]。イタリアとギリシャからの投資が全体

の70％を占める。イタリア企業は主に西部の都市で事業展開している。その分野別比率は次の通りである。軽工業21.6％，農業8.1％，建設35.1％，貿易・サービス16.2％。ギリシャ企業は南部に進出することが多い。ギリシャ政府が補助金を拠出するため，進出した93％が新規企業を設立した。農業，軽工業，タバコに資本の73.8％が集中する。

　企業管理の視点から分類すると，第1に，経営権の部分的並びに全体的取得，すなわち民営化に参入するケースである。例えば，フランスのCiment Francaise社は97年3月にエルバッサンにあるセメント工場と石灰石採掘場の70％を買収した。第2に，出資比率50％以上で合弁企業あるいは新規企業を創設する場合だ。資本と同時に，新規テクノロジー，経営ノウハウが移転して，国内市場で競争を触発する効果をもたらす。但し，カントリーリスクの高さと市場の狭さが外国企業進出の障害となっている。また，クローム鉱部門に相当程度の外資が導入されて，輸出増強に役立っているという段階に達していない。成長の機関車的役割を果たせずにいる。そこで，アルバニアの貿易構造を検討した上で，クローム鉱への直接投資の重要性と効果とを強調したい。

(3) 外国貿易の特徴

　アルバニアでは民主革命以降，貿易なくしてその経済が成立しなくなった。GDPに対する貿易の比率は80年代の15～20％から96年には39％へと飛躍的に上昇した[19]。GDPの規模が縮小したことと，輸入額が膨らんだことが主たる原因だ（96年の輸出額は2億1,050万ドル，輸入

表 IV-7 アルバニア外国貿易の動向

(単位：1,000 ドル)

	1991	1992	1993	1994	1995	1996
全輸出	51.74	77.86	122.47	141.39	201.62	210.53
民間部門	—	—	65.95	67.84	119.87	169.10
公的部門	51.74	77.86	56.52	73.55	81.75	41.44
全輸入	124.0	179.20	421.14	548.33	649.91	908.58
民間部門	—	—	294.94	429.06	525.89	753.25
公的部門	124.0	179.20	126.21	119.27	124.01	155.33
往復貿易	175.7	257.06	543.61	689.72	851.53	1,119.1
貿易赤字	72.3	101.34	298.67	406.94	448.29	698.05
対外援助	—	—	105.45	53.91	62.88	

(出所) *Albanian Observer*, No. 3-4, 1997, p. 37.

額9億850万ドル，人口1人当り輸出額66ドル，同輸入額284ドル）。輸出の対輸入比率は91年の41.7％から96年には22.4％に低下した。貿易赤字は91年の7,200万ドル（対GDP比6.2％）から96年には6億9,800万ドル（同24％）に拡大した（表IV-7参照）。

ミクロレベルのリストラがない故に，国内生産が全く刺激を受けないからだ。勢い，消費財の輸入に直結する。貿易赤字を埋めるのが海外送金と対外援助（91～96年期18億ドル）である。前者はGDPの2割以上を占め，92年1億5,000万ドル，93年2億7,400万ドル，94年3億7,400万ドル，95年3億4,900万ドルと増加傾向にある[20]。

貿易商品構造にも変化が見られる。社会主義時代における輸出の中心は原材料だったが，現在では労働集約型製品が主流になった[21]。織物・履物の輸出額が94年の5,560万ドル（全輸出の39％）から96年には1億350万ドル（同49％）に増えた。主にイタリアとギリシャに輸出される。逆に，鉱物・燃料・電力の輸出は激減し，96年は僅か

Ⅳ　南東ヨーロッパ社会の経済復興と構造改革

2,000万ドル（全輸出の9.7％）に留まる。89年1億8,500万ドルの1割弱にしか相当しない。

　輸入財を点検すると，食品・飲み物・タバコが急上昇しているのが判明する。96年には3億1,800万ドルに達し，全輸入の35％を占有する。全輸入の22％を占めるのが機械・設備・部品なのだが，その内容に変化が生じている。80年代は生産ライン・設備・部品が中心だったが[22]，今では輸送手段，機械，家電製品が圧倒的に多い。織物・履物も全体の15％を占めるが，国内で加工されて再輸出されるからだ。

　さて，貿易の地域別構造はと言うと，96年で全貿易額の78％がEUとの取引だった。殊に，イタリアへの輸出が全輸出の58％，輸入が全輸入の42％を占める。対91年比でそれぞれ24倍，25倍と驚異的に増えた。なお，イタリアは援助や直接投資の項目でも第1位の座を誇る。また，地理的位置からバルカン半島諸国との貿易も活発である。96年の貿易額においてバルカン各国とのそれは34％（輸入36％，輸出21％），貿易赤字でも全体の42％を占める。

　中でもギリシャが貿易赤字の58％を独占する。ギリシャはまた，輸入全体の21％，輸出全体の13％に貢献する。ギリシャ資本によって生産された財が同国へ再輸出されるからである。併せて，ギリシャはアルバニアにとって第2位の投資国であり，90年以来ギリシャへの移民は25万人に上ると言われる。その他，今後の有望市場としては，クロアチアとスロベニアとが注目を浴びている。

　以上から導き出される結論は明快である。貿易収支を均衡化するには輸出力の強化しか道はない。輸入を抑制するのは当面難しい。アルバニアの伝統的産業と見なされる資源・エネルギー部門に資本を集中

表 IV-8 アルバニア

	1950	1960	1970	1980	1985	1986	1987
クローム総産出量	52	289	466	1,003	1,110	1,157.2	1,072.6
40-42% Cr_2O_3						542.3	337.6
38-40% Cr_2O_3						3.9	8.4
36-38% Cr_2O_3			351	501	500	12.2	79.3
30-34% Cr_2O_3						107.3	125.5
コンセントレート				117	170	186.1	164.4
(48-50% Cr_2O_3)							
フェロ・クローム (63%)						26.0	26.3

(注) 1) 1997年は第1四半期の値。
(出所) *Republic of Albania, Mineral Industry,* Tirana, p.3, p.9, INSTAT, *Statistika 1996 No. 4,* Instituti Tirana, f. 20, 並びに Nebex Albania Sh. P. K. 社が提示した資料より作成。

投下し,成長と輸出のエンジン的役割を再度担えるように梃子入れする産業政策が要請される。勿論,この政策は経済転換計画全体の中に位置づけるべきだし,企業のリストラを敢行して,効率の改善を図らねばならない。しかし,絶対優位を享受するクローム鉱関連事業に資源を傾斜配分して,花形産業に育成していくのも得策である。同時に,産業発展の近道でもある。これを突破口として産業の振興を図れば,国際競争力は自ずと強化され得る[23]。

(4) コア産業とクローム鉱

資源・エネルギー産業は農業と共にアルバニアの伝統的産業である。他方,新産業として観光業を挙げることができる。近い将来観光業が花形産業に結実することはほぼ間違いない。国民経済と有機的かつ効率的に結びついた観光業は,経常収支均衡化の力強い味方となる[24]。

しかし,貿易収支の黒字化を実現するには資源・エネルギー部門に

IV 南東ヨーロッパ社会の経済復興と構造改革

のクローム産出量　　　　　　　　　　　　　　　　　　　　　　（単位：1,000トン）

1988	1989	1990	1991	1992	1993	1994	1995	1996	1997 [1]
1,108.3	1,199.8	1,004.2	586.8	324.6	281.1	223.0	243.0	236.4	41.2
347.1	315.8	300.9	124.7	66.3	82.7	106.8	130.3	113.4	20.9
15.1	38.9	7.3	58.5	28	20.0	13.4	13.6		
28.9	52.9	53.7	58.5	28	10.6	10.0			
182.1	159.9	88.6	60.2	49	27.4	25.7	17.5		
160.3	172.3	156.8	87.9	49	32.9	11.4	30.9	30.4	6.7
38.7	38.8	23.9	25.5	21.2	34.6	33.8	43.0	31.2	6.4

i Statistikës mars 1997, Tirana, f. 20, INSTAT, Statistika 1997 No. 1, Instituti i Statistikës, gusht 1997,

当面は依拠せざるを得ない。小国の割には同国は資源に恵まれる。輸出の牽引力として再生すれば，外貨蓄積に貢献してくれる。以下では，分析対象をクローム鉱に絞り込み，外資と企業経営の視点も注入しつつ，議論を展開する。同国には石油・ガス，ニッケルや銅等も埋蔵されるが，本節では対象外とする[25]。

アルバニアでは過去数十年に亘って，鉱業関連投資全体の80％がクロームと銅とに投下されてきた[26]。90年代に入るまでは，世界で第3位のクローム生産国という地位を誇った[27]。ところが，表IV－8から明らかなように，生産量は激減・低迷している。

その原因は第1に，クローム産業関連の機械・設備が老朽化し，既に耐用年数を越えている点である。これは採掘段階から精錬段階にまで及び，多くが70年代初期に装備された中国製だ。

第2に，最新の機械・設備や技術あるいは技術者が外国企業によって充分に配備されていない事実を挙げることができる。対外援助や外国直接投資がクローム鉱業に潤沢に流入していない。現行の投資規模

では生産力を強化できない。

　第3に、民主化以降国営部門が軽視され、クローム鉱関連企業の民営化も順調に進んでいない。民生向上向けインフラ整備が最優先されており、国営企業への投資の優先順位が低くなった。膨大な財政赤字を抱える故、投資規模が拡大しない。政治問題がクローム鉱にも投影されている。勢い、戦略産業としてクローム鉱を位置づけて、育成しようとする発想に乏しい。

　ところで、1992年1月1日現在の埋蔵量は3,730万トン（うちCr_2O_3は2,730万トン）で、潜在的な鉱化作用の範囲は3,000㎢に及ぶ。それは国土面積の1割に近い。全面的に設備を近代化すれば、生産量は3倍に拡大するという[28]。

　さて、同国ではアルブクローム（Albkrom）と呼ばれる国営企業1社がクローム産業を独占する。同産業の川上から川下に至るまで、アルブクローム社あるいはその関係省庁が採掘権を付与したり、購入契約を締結するという形式が採られる。輸入契約を結んでいる外国企業は次の通り。

　アメリカ Huxley B. C., 日本住友商事、ベルギー Consider, イタリア Darfo, クロアチア Salbatring, ルクセンブルク Nacaloy[29]。

　採掘や生産のレベルでは外国企業は進出していない。正式の契約が、社会的混乱が原因で、締結の段階にまで達していない。98年中には機能し始めるらしい。つまり、生産設備の近代化という課題は残ったままである[30]。現段階では精錬を要しない良質のクローム鉱石のみが1次産品として生産・輸出されているに過ぎない。96年に輸出されたクローム鉱とそのコンセントレートは27,829トン、約920万ドル（1ドル＝100レクで換算）である[31]。単品の品目別では今なお、クローム鉱

Ⅳ 南東ヨーロッパ社会の経済復興と構造改革

の輸出額がトップの座を不動のものとしている。

クローム鉱は主に次の四つの地区から産出される[32]。北東部のトロポーヤ（Tropoja）地区とクーカス（Kukës）地区，中部のブルチザ（Bulqiza）地区，南東部のシェベニク（Shebenik）地区。

トロポーヤ地区に埋蔵されるクローム鉱は面積440 km²，鉱床層6～8kmに及ぶ。埋蔵量は830万トンと推計される。クロームの質は18～30％ Cr_2O_3 とあまり良くない。深さ300mまでが採掘の対象となっているが，更に深く掘る必要があろう。だが，その技術が不足する。

クーカス地区の埋蔵量は740万トンで，その面積は108 km²，深さ5kmと小規模である。クロームの質も21.4％と悪い。やはりこの地区でも300mよりも深く採掘する必要があるという。

以上の両地区では次の三つの生産単位が採掘と精錬を担当する。まず，カミ（Kami）という生産単位がユーゴスラビア（コソボ自治州）との国境近くに位置し，八つの鉱山を統轄する。年間生産能力は7万トンと言われる。含有率20～41.6％のクローム鉱を産出するが，精錬プラントを所有しないので，全量が輸出されてきた。90年までは含有率20～22％の全量と30％の一部がユーゴへ輸出され，残余はドゥラス港から輸出された。90年以降になると，含有率30％以上だけがドゥラス港から輸出されている。含有率の多いクローム鉱石が精錬されずに全量輸出されるのである。カリマシュ（Kalimash）と呼ばれる生産単位は鉱山を五つ保有し，その年間生産能力は20万トンである。但し，含有率は19.5％なので，精錬処理が必要となる。

精錬プラントの年間能力は16万トンで，ドゥラス港から輸出される。三つ目のヴラフナ（Vllahna）鉱山の埋蔵量は260万トン，含有率29.5％，年間産出量10万トンとなっている。新しく設置されたプラン

トがあり，その年間能力は15万トン（含有率48〜50％は同5万トン）に達する。

　四つの地区の中で最も有望視されるのがブルチザ地区だ。埋蔵量は1,950万トンで，国内で最大規模を誇る。然も，含有率が42〜48％と極めて高い。フェロ・クローム向けでもある。鉱床の面積は370km²，深さは4〜6kmと言われる。現在500mの所まで採掘作業が進んでいる。同地区では三つの精錬プラントが稼動する。ブルチザプラントの生産能力は23万トンだが，1975年に導入された中国製だと言う。クラスタ（Krasta）プラントは89年に建設されたが，アルバニア国産の機械・設備なので，効率が悪い。年間生産力は16万トンである。ブレル（Burrel）フェロ・クロームプラントは79年に中国製の機械・設備を装備して建造された。含有率40〜41％のクロームを年間35,000トン生産できる。

　この有望地区に投資するのがドイツのプレウスサーグ（Preussag AG）である。同社はアルブクローム社と8,300万ドルを投資する見返りに80％の採掘権を獲得するという契約を締結した[33]。ブレルフェロ・クロームプラント，クロス（Klos）加工工場，ブルチザ鉱山に最新技術を導入して近代化することで輸出力を強化する[34]。8,000人の従業員は従来通り雇用される。年間で30万トン分のクローム採掘量を増加し，年間10万トンの加工能力強化を狙いとする。マーケティングは同社子会社ベルグマン（Bergmann）社が担当する[35]。

　シェベニク地区の埋蔵量は170万トンで，面積210km²，厚さ4km²と言われる。最も開発・投資の遅れていた地区だ。プレニァス（Prrenjas）とポイスカ（Pojska）の2カ所に精錬プラントがあり，年間生産力は5万トンと弱い。含有率30〜34％と36〜40％のクロームがドゥラス港

Ⅳ　南東ヨーロッパ社会の経済復興と構造改革

から輸出される。日本はこの地区のフェロ・クロームを輸入してきた。日本政府が技術支援として300万ドルを供与した対象地区はこの地区だという点を特記しておく[36]。

(5) 課題と展望

アルバニア経済再建には市場におけるゲームのルールの確立と市場経済のための環境整備が不可欠である[37]。これは自由市場経済への移行コストを下げるのに役立つ。インフォーマル部門隆盛から脱却するためにも不可避の要素だ。インフォーマル部門主体の経済は命令型計画経済体制を建設的な意味で破壊できなかった。

無論，産業政策に関してもこの流れと相反しない。政府がゲームのルールを遵守しつつ，外資を導入してクローム鉱業を蘇生させれば，民営化を断行して更なる発展を期待できる。ゲームのルールを体得させるのが外国企業だという点は指摘するまでもない。

註
(1) この経緯については，拙著『新生アルバニアの混乱と再生』(創成社, 1997年) の中で詳しく分析した。
(2) *Albanian Observer*, No.3 – 4, 1997, pp. 30 – 31.
(3) *Albanian Daily News*, August 5, 1997.
　　なお，多国籍軍は1997年8月12日に完全撤収し，これに代わってイタリアやギリシャの軍隊が引き続き治安回復に尽力した (*Financial Times*, August 12, 1997, *The Economist*, August 16th – 22nd, 1997, p. 21)。
(4) 『日本経済新聞』1997年6月23日。
(5) ファトス・ナノは1991年2月に首相に就任したことのある人物であ

る。この点については拙著『アルバニア現代史』(晃洋書房, 1991年)を参照されたい。

(6) *Albanian Observer*, No. 3 – 4, 1997, p. 17.

(7) この点に関しては『北國新聞』(1997年7月24日号) にコメントしておいた。

(8) *Albanian Observer*, No. 6, 1997, p. 35.

(9) *International Herald Tribune*, August 18, 1997.

(10) M, Vokshi, Kapitali i Huaj dhe Roli i tij në Reformen Ekonomike, *Ekonomia dhe Biznesi*, Bulitini 1, Fakulteti i Ekonimisë, 1996.

(11) Ilir Gedeshi, Some Characteristics of Foreign Direct Investment, *Albanian Observer*, No.6, 1997, p. 32.

(12) Marta Muço, Drini Salko, *Some Issues on the Development of Informal Financial Sector in Albania*, Albanian Center for Economic Research, September 1996.

(13) Marta Muço, Luljeta Minxhozi, *How to Make Growth Sustainable: Post Emergency Issues of Economic Transition in Albania*, Working Paper in Conference "Albanian Economy towards Free Market, Issues of Economic Policy", 13–14 December 1996, Tirana, Albania, sponsored by Phare ACE 1995 Programme.

(14) Gjergj Misha, Growing Macroeconomic Stability Overshadowed by Structural Problems, *Albanian Observer*, No.1, 1997, pp. 32 – 33.

(15) Marta Maço, Economic Transformation in Albania, *The International Spectator*, Volume XXXI, No.1, Jan.–Mar. 1996, pp. 65 – 94.

(16) Kole Prenga, Probleme të Zbatimit të Politikës Fiskale në Ekonominë Shqiptare, *Ekonomia dhe Tranzicioni*, Viti IV, Nr.2 (12), prill–qershor, 1997, ff. 20 – 23.

(17) *Financial Times*, February 19, 1997.

(18) Ilir Gedeshi, *op. cit.*, pp. 32 – 33.

(19) Ilir Gedeshi, Luan Shahollari, Disa Karakteristika të Tranzicionit Tregtar

në Shqipëri, *Ekonomia dhe Tranzicioni*, Viti IV, Nr. 2 (12), prill-qershor, 1997, ff. 27 – 31.

(20) T. Kola, Kurset Fleksibel të Kembimit dhe Stabilizimi Makroekonomik, *Ekonomia dhe Tranzicioni*, Nr. 1, 1997.

(21) INSTAT, *Statistika 1996, No. 4*, Instituti i Statistikës, mars 1997, Tirana, f. 30, f. 34.

(22) *Vjetari Statistikor i Shqipërisë 1991*, Tiranë, 1991.

(23) Ilir Gedeshi, Gjergj Buxhuku, Strategy and Objectives of the Privatisation Process in Albania, *Albanian Observer*, No. 5, 1997, pp. 36 – 37.

(24) Vjollca Bakiu, Genc Pasko, Turizmi nga Veprimtari e Neglizhuar në një Prioritet për Zhrillimin Ekonomik të Vendit, *Ekonomia dhe Tranzicioni*, Viti IV, Nr. 2 (12), prill-qershor, 1997, ff. 24 – 26.

なお，ロシア企業でさえもアルバニアの観光業に興味を示している（Фактор, Албания:ещё одна ниша для российского капитала?, *Мировая Экономика и Международные Отношения*, No.2, 1997, cc. 115 – 121）。

(25) アルバニアの銅採掘についてはアルブバカル（Albbakër）社が担当してきた。同社は1993年にイタリア企業2社との合弁企業として民営化されたが，イタリア側が契約を破棄したため，政府が民営化を取り消した経緯があった。こうした混乱が原因で付表の通り銅生産は打撃を被り，96年の銅輸出は350万ドル（対前年比60％減）に激減した（*Albanian Observer*, No. 2, 1997, p. 36）。この低迷を克服すべくアルバニア側（Gjeoalba）はカナダ企業3社と合弁企業（Nebex Albania Sh.P.K., Karma Albanian Mining Ltd., Royal Roads Corp.）を設立して，採掘有望地調査・探査作業協定を締結した。カナダ側が2,000万ドルを投資する見返りに利益の80％を独占するとの契約内容である（Republic of Albania, Ministry of Mineral Resources and Energetics, *Albanian Geological Survey*, 1996. Tirana, p. 11）。

(26) Republic of Albania, Misnistry of Mineral Resources and Energetics, *op. cit.*, p. 3.

付表 アルバニアの銅生産　　　　　　　（単位：1,000 トン）

	1991	1992	1993	1994	1995	1996
銅 鉱 石	561.4	239.7	239.4	177.7	257.7	187.8
銅濃縮物	20.2	7.6	13.9	8.7	16.7	11.0
粗　　銅	4.8	2.3	2.3	1.5	2.9	1.4
銅　　線	2.2	0.5	0.5	0.4	0.35	0.12

（出所）*Albanian Observer*, No.2, 1997, p.36.

(27)　*Ibid*, p. 10.

(28)　*Mining Journal*, 8 May, 1992, p. 4.

(29)　*Albanian Observer*, No. 2, 1996, p. 40.

(30)　*Rilindja Demokratike*, 24 nëntor, 1996.

(31)　INSTAT, *Statistika 1996*, No. 4, Instituti i Statistikës, mars 1997, Tirana, f.31.

(32)　Republic of Albania, *Mineral Industry*, Tirana, p. 8, pp. 11 – 18.

(33)　*Rilindja Demokratike*, 27 shkurt, 1997, *Albanian Observer*, No.5, 1996, p. 6, *The Weekly Economic Report*, November 20, 1996, p. 2.

(34)　*The Weekly Economic Report*, February 26, 1997, p. 3.

(35)　*Rilindja Demokratike*, 21 shtator, 1996.

(36)　*The Weekly Economic Report*, November 6, 1996, p. 4.

(37)　Zef Preçi, Fillimet e Vendosjës së Ekonomisë së Tregut në Shqipëri—Një Veshtrim Retrospektiv, *Ekonomia dhe Tranzicioni*, Viti IV, Nr. 2 (12), prill–qershor, 1997, ff. 6 - 15.

Ⅳ 南東ヨーロッパ社会の経済復興と構造改革

5 マケドニア経済社会の変革

(1) マケドニアの経済社会

　1999年10月31日，マケドニア（首都・スコピエ）で大統領選挙が実施された。この大統領選挙はキロ・グリゴロフ（Kiro Gligorov）大統領の任期満了に伴うもので，野党社会民主同盟のペトコフスキと与党マケドニア国家統一民主党のトライコフスキとによる一騎討ちとなっていた。

　その結果，非共産系のマケドニア国家統一民主党のトライコフスキ外務次官が大統領に選出された[1]。議会でも対西側協調路線を打ち出した非共産系による連立内閣が98年10月に発足していた[2]。このように，マケドニアではいわゆる政治的捻れ現象は発生していない。コソボ紛争の影響で経済的苦境に陥ったにもかかわらず，マケドニア市民は非共産系を選出した。高く評価したい。

　EUをはじめとする国際社会は，マケドニアを見放してはいない。マケドニア市民はこの逆境から顔を背けてはなるまい。克服してはじめて，豊かな生活を享受できるのである。そこへの早道とは，EU加盟を視野に入れた市場経済への移行であることは言うまでもない。その中核は民営化である。ただ，それにはルールの設定が要請される。これは政治の安定なくして達成され得ない。ここにおいて，経済が安定する[3]。本節では，マケドニアのマクロ経済を点検した後，民営化

表 IV-9 マケドニアのマクロ経済指標

	1993	1994	1995	1996	1997	1998	1999	コソボ危機の影響
実質 GDP 成長率(%)	-9.1	-1.8	-1.2	0.8	1.5	2.9	-4.0	-0.9
国民1人当り実質 GDP 成長率(%)	-9.8	-2.7	-2.2	-0.3	—	—	—	
消費者物価上昇率(年間平均:%)	349.8	121.8	15.9	3.0	1.5	0.6	2.0	1.0
同　　　　(年末:%)	229.3	55.4	9.2	0.2	—	—	—	
失業率(%)	—	—	—	31.9	36.0	34.5	36.5	2.2
財政収支(対 GDP 比:%)	-13.8	-2.9	-1.2	-2.5	-0.4	-1.8	-7.7	-5.4
為替相場(対ドル:年間平均)	23.2	43.3	38.0	40.0	—	—	—	
同　　(対ドル:年末)	44.5	40.6	38.2	41.3	—	—	—	
輸出(10億ドル)	1.06	1.08	1.20	1.15	—	—	—	
輸入(10億ドル)	1.23	1.27	1.43	1.46	—	—	—	
貿易収支(10億ドル)	-0.17	-0.19	-0.23	-0.31	—	—	—	
経常収支(10億ドル)	-0.09	-0.21	-0.22	-0.28	-7.4	-8.2	-14.5	-7.1
同　　(対 GDP 比:%)	-3.5	-5.7	-5.8	-7.6	—	—	—	
外貨準備金(10億ドル)	0.12	0.16	0.27	0.27	—	—	—	
外貨準備金／輸入(月)	1.2	1.3	2.3	2.2	1.9	2.1	2.7	0
対外債務(10億ドル)	—	—	1.43	1.17	—	—	—	
同　　(対 GDP 比:%)	—	—	37.9	31.7	—	—	—	
債務返済(10億ドル)	—	—	0.14	0.14	—	—	—	

(注) 1) 見通し
(出所) マケドニア共和国国立銀行の資料, 並びに *IMF Survey*, Volume 28, Number 16, August 16, 1999 より作成。

による企業の経営変革について考察を試みる。

(2) マクロ経済の評価

表IV-9から明らかなように, マケドニア経済は96年にプラス成長に転じ, 98年まで拡張を続けていた。インフレ率も低下し, 財政収支も改善の方向に向かっていた。

Ⅳ　南東ヨーロッパ社会の経済復興と構造改革

ところが，不幸にもコソボ紛争が勃発した。マケドニアは経済的悲劇に直面することになる。コソボ紛争はマケドニア経済を直撃した。財政赤字と経常赤字のいわゆる双子の赤字幅が急拡大し，非常事態となった。IMFなどが緊急支援を実施したが，それでもコソボ紛争による影響は深刻である。かくなる上は，国際社会からの金融支援を得て，構造改革を推進していく以外に，マケドニア経済を救う道はなさそうである。

(3) マケドニア企業の経営変革

マケドニアにおいて民営化の対象となる資産は，33億マルクに達していた（1994年12月31日現在）[4]。これは全資産の半分に相当し，雇用者の視点から見ても全体の半分を占める。

民営化の対象となる企業数は約1,200社である。このうち小企業が最も多く，830社にのぼる。マケドニアでは，従業員が50人以下で，収入が平均月間給与の8,000カ月分以下，資産が同じく6,000カ月分以下の企業が小企業と定義されている。中企業とは，従業員数が250人以下で，収入が平均月間給与の4万カ月分以下，資産が同3万カ月以下の企業をさす。民営化の対象となる中企業は274社である。大企業のそれは113社を数える。

民営化を担当する公的機関はマケドニア民営化局（Agency of the Repubic of Macedonia for Transformation of Enterprises with Social Capital）である。なお金融機関の民営化については，別の法律に基づいて実施されると同時に，その担当機関も異なる（Bank Rehabilitation Agency）。

さて，マケドニア政府情報局によると，小企業の民営化の場合，従

業員に売却されるか、あるいは株式によって部分的に売却されるか、のいずれかの方法が採られるという。中・大企業のケースでは、より複雑な方法となる。

第1に、従業員、個人、経営陣への売却である。第2に、株式を発行し、追加投資、すなわち資本を積み増した上で、市場に放出する手段である。投資家には51％の株式保有が許可されている。第3に、債務と株式とを交換した後に、債権者に売却されるケースである。いずれにせよ、資本市場の発達が重要なポイントとなる。

では、マケドニアではどの程度、民営化が進んだのだろうか。96年3月末現在で、717社が民営化を完了し、337社がその過程にあるという。また、163社が待機中らしい。加えて、赤字企業、特に25社の大企業がリストラプログラムの対象となっている。

チェコの民営化では、一部の政府関係者に株式が集中して、一種のクローニー型となり、問題視された。反対に、ポーランドのそれは首尾良く運営されているようである。勿論、外国資本も参入している。ルーマニアやブルガリアでは、外資が参入してはじめて民営化が本格化した。一方、マケドニアの民営化は遅れていると指摘せざるを得ない。やはり、外国人投資家が登場しないと、民営化は軌道に乗らないだろう。

民営化後の各企業は、望ましくない独占を回避しながら、企業統治を通じて経営効率の改善を図る必要がある。であるならば、規模の経済の利益を享受できる民営化がベストだろう。これがマケドニア産業の再編へとつながっていく[5]。

Ⅳ 南東ヨーロッパ社会の経済復興と構造改革

(4) 課　　題

　マケドニアは人口219万人の小国である。従って，貿易が同国の経済を支える。安価な輸入財はインフレ抑制に貢献し，国内企業の効率を高める刺激剤の役割を果たす。全体として，消費者の便益を改善する。特に，周辺国との貿易が重要となる。中でも，ギリシャやトルコとの貿易は，マケドニアにとって不可欠である。更には，ミロシェビッチ退陣後の民主セルビアとの関係も肝要である。民主セルビアはマケドニアにとって，大切な対EUの回廊だからだ[6]。

　次に，インフラの整備である。ここには国際社会からの金融支援を充当すればよい。物理的インフラ，法律などの社会的インフラ，人的インフラ，情報インフラすべてが必要で，これらが互いに結びついて繁栄を導く。

　第3に，失業者の解消という課題である。マケドニアの失業率は，公式には35％程度とされているけれども，実際には20％位と言われる。雇用の登録システムが未整備だからである。同国では現実逃避型の失業が多い。これが国庫の負担となっている。新規雇用の創出政策も必要だが，一方で教育・訓練の制度も重要なのである。これがスモール・ビジネスの基盤となる。また，マケドニア国外で働くマケドニア人は75万人に達するという。アルバニア人と違って，彼らはオーストラリア，カナダ，アメリカに多く居住する。彼らは有力な対マケドニア投資家と位置づけられる。

　こうした課題が解決され，天然資源，教育水準，労働コストなどマケドニアの長所を生かすことができれば，自然と経済社会は成熟して

いくものである。マケドニア人の努力次第では，マケドニアはバルカンのスイスとなることも可能なのだ。

註
(1) 『日本経済新聞』1999年11月16日。
(2) *The World Today*, Volume 55, Number 1, January 1999, pp. 15 – 16.
(3) Andrzej Brzeski, Enrico Colombatto, Can Eastern Europe Catch up?, *Post-Communist Economies*, Volume 11, Number 1, March 1999, pp. 6 – 25.
(4) Agency of the Republic of Macedonia for Transformation of Enterprises with Social Capital, *Macedonian Investment Guide: Privatisation.*
(5) Michael A. Goldstein, N. Bulent Gultekin, Privatization in Post-Communist Economies, John Doukas, Victor Murinde, Clas Wihlborg, eds., *Financial Sector Reform and Privatization in Transition Econimies*, Elsevier Science Publishers B. V., 1998, pp. 283 – 327.
(6) Shmuel Vaknin, A Macedonian Encounter—Studying Economy through the Macedonian Experience—, *Nova Makedonija.*

Ⅳ 南東ヨーロッパ社会の経済復興と構造改革

6 ユーゴスラビアの前途

(1) ユーゴスラビアの命運

　日欧米社会の期待とは裏腹に，ユーゴスラビアのミロシェビッチは依然として健在である。同大統領に対する退陣圧力は強いものの，フィリピンのマルコスやインドネシアのスハルト，それにルーマニアのチャウセスクらのように市民の手によって抹殺されるといった事態には至っていない。

　確かに，ユーゴスラビアでも反政府運動が展開されてはいる。セルビア正教会もこれを支えている。しかし，野党指導者の足並みが乱れて，野党勢力の統一戦線が実現しないために，退陣圧力がミロシェビッチに集中しないのである。

　ミロシェビッチは少数民族を弾圧してきたものの，セルビア系に対しては寛容であった。セルビア系もまた，現状の生活に満足しているわけではないけれども，ミロシェビッチについてはさほど怒りを感じていないのだろう。加えて，ミロシェビッチに代わるカリスマが不在なのも事実である。結果として，ミロシェビッチは健在なのである。

　残る手段は外圧のみとなった。ところが，NATO（北大西洋条約機構）の空爆にでさえ屈しない人物が，経済制裁程度で跪くわけがない。ミロシェビッチ自身の生活が安泰だからだ。こうした事情に鑑みて，アメリカ政府はユーゴスラビアの反体制派を積極的に後押しするように

151

なった。だが，アメリカ政府の関心は，ミロシェビッチの進退問題から中央アジア・カスピ海の資源・エネルギーに移ってしまったようである。1999年11月のクリントン大統領による欧州，トルコの歴訪は，アメリカがグレート・ゲームに参加することの意思表明だと解釈できる[1]。

他方，EUはコソボとモンテネグロに対する経済制裁を解除した。これもユーゴスラビアに対する民主化圧力を強めるのが狙いである。その地平線上にはモンテネグロの独立がある。しかしそれでも，ユーゴスラビア国内の世論を反ミロシェビッチに誘導していくことは至難の技であるかもしれない。

しかしながら，国民の国家に対する忠誠心が低下して，国家の正統性が失われた時，国家権力は必ずや分裂する[2]。これが国家の崩壊過程に他ならない。ミロシェビッチの時代は終わった。問題はその後にある。新しい世代がセルビアの国家再建を実現できるか否か。セルビア人はこれから国家再建に尽力していく必要がある。

(2) セルビアの復興特需

コソボ危機に伴うNATOによる空爆で，セルビアの経済情勢は益々悪化した。但し，この経済の混迷がミロシェビッチ政権を脅かしてはいる反面，政権打倒に至っていない点に留意する必要がある。

しかし，99年の空爆によるユーゴスラビアの被害総額は600億ドルにのぼり，99年の実質GDP（国内総生産）は前年に比べて40％減少すると試算されている[3]。このため，ユーゴスラビアの99年のGDPは10年前の30％の水準にまで落ち込んでしまうという。国民1人当りの

Ⅳ　南東ヨーロッパ社会の経済復興と構造改革

GDPは880ドルとなり，南東ヨーロッパで最貧国に転落してしまった（欧州の最貧国と言われてきたアルバニアでさえも905ドル）。併せて，失業率は40％に達する。ユーゴスラビアの経済はこれが底ではない。今後更に悪化していくものと思われる。今度こそこれが原因で，ミロシェビッチ政権が空中分解するかもしれない。国際社会はこれに期待する以外に方策はなさそうだ。

ところが，見方を変えると，ミロシェビッチが退陣すれば，セルビアの戦後復興は急ピッチで進んでいくのである。セルビアの製造業部門の損失額は300億ドルに上るが，ここにニュービジネスが潜む[4]。セルビア企業の株式は，矢継ぎ早に途方もない安値で外国資本に放出されることだろう。外資なくしてセルビアの復興は有り得ない。

と同時に，元々セルビアでは，若年層に企業家精神が浸透している[5]。中でも高等教育を受けて，経営の経験のある者が，民間企業の先導役を担ってきた。彼らもまた，新しいビジネス・チャンスを掴むに違いない。

セルビアに民主化が定着するやいなや，国際社会による経済制裁は解除される。と同時に，ビジネス・チャンスが生まれる。この時になってはじめて，セルビアの経済再建が起動する。勿論，インフラ整備については国際社会が支援していくことになろう。ここにも日欧米の企業が参入してくるのである。セルビアの復興は，このように相乗効果を発揮していく。

(3) モンテネグロの独立

モンテネグロでは，99年8月5日に独立要求綱領が採択された[6]。

また，同年11月2日には，第2通貨としてドイツ・マルクを採用することが決定された[7]。そして，公務員給与や年金をマルクで支払われることになった[8]。セルビアは憲法違反と激怒したけれども，これはコソボと同様にモンテネグロも，実質的にユーゴスラビアから独立したことを示唆する。今後，新通貨・マルカが導入されれば，モンテネグロの独立は決定的なものとなろう。

　これまで国際社会は，モンテネグロやジュカノヴッチ（Milo Djukanovic）の立場を理解していなかった[9]。人口の7％をアルバニア系が占めているにもかかわらず，99年2月のライブイエ会議では蚊帳の外に置かれた。今後，モンテネグロが正式に独立を表明すれば，国際社会はそれを逸早く支持せねばならない。

(4) ユーゴスラビアの再分裂と再結合

　独立は良き解決法ではないとの見解はあるものの[10]，コソボとモンテネグロは実質的にはユーゴスラビアから独立したことになる。バルカン半島でまた新たな国家が誕生することだろう。

　旧ユーゴスラビアでは元々分権化が進んでいた。分裂志向は潜在的に存在していた。また，セルビア系による支配力も大して強くはなかった[11]。コソボ紛争を通じて，こうした事実が一層鮮明になった。これからは，セルビア，モンテネグロ，コソボがそれぞれ独自の道を歩んでいく。

　これら3カ国は，将来的にはEUに加盟することになろう。欧州には，小国が乱立しても，これらを束ねる受け皿，すなわちEUが存在する。軍事的にはNATOも存在する。これらの受け皿が独立の衝撃を

Ⅳ 南東ヨーロッパ社会の経済復興と構造改革

緩和する役割を果す。緩衝装置なのである。

　問題は経済的な自立と発展にある。南東欧諸国が有機的に経済の面で結合していかなければ，南東欧全体の経済的発展は不可能である。セルビアもモンテネグロもコソボも，南東欧社会の一員としての役目を担ってはじめて，欧州の一員となれるのである。

註
(1) 『日本経済新聞』1999年11月25日。
(2) Badredine Arfi, State Collapse in a New Theoretical Framework — The Case of Yugoslavia —, *International Journal of Sociology*, Volume 28, Number 3, Fall 1998, pp. 15 – 42.
(3) 『日本経済新聞』1999年8月23日。
(4) *Business Week*, September 20, 1999, p. 4A4.
(5) Silvano Bolvic, Entrepreneurial Inclinations and New Entrepreneurs in Serbia in the Early 1990s, *International Journal of Sociology*, Volume 28, Number 4, Winter 1997 – 98, pp. 3 – 35.
(6) 『日本経済新聞』1999年8月6日。
(7) 同上，1999年11月2日。
(8) 同上，1999年11月9日。
(9) *The World Today*, Volume 55, Number 4, April 1999, pp. 6 – 7.
(10) Richard Caplan, International Diplomacy and the Crisis in Kosovo, *International Affairs*, Volume 74, Number 4, October 1998, pp. 745 – 761.
(11) Valerie Bunce, Peaceful Versus Violent State Dismemberment: A Comparison of the Soviet Union, Yugoslavia, and Czechoslovakia, *Politics and Society*, Volume 27, Number 2, June 1999, pp. 217 – 237.

7 ギリシャとトルコの位置

(1) ギリシャ・トルコ関係の改善

 第2次世界大戦直後,ギリシャとトルコはともにマーシャル・プランの対象国となった。アメリカは旧ソ連邦との対決に備えて,両国を戦略的に支援した。両国はNATOに加盟し,名実ともに西側の一員としての役割を果たすようになった。

 しかしながら,ギリシャはEUに加盟できたけれども,トルコは依然として加盟できないでいる。トルコは政教分離の方針を打ち出して,経済社会の近代化に傾注してきたが,経済発展水準は低位に留まっている。これがトルコがEUに加盟できない原因の一つである。

 第2に,トルコがイスラム文化圏に属する点である。EUは言うまでもなく,キリスト教文化圏として文化的に均質性を維持している。トルコは異端児に過ぎない。

 第3に,ギリシャとトルコは長い間,犬猿の仲という状態が続いた。ギリシャがトルコの対EU加盟を猛烈に反対してきた。

 ところが,99年春,コソボ紛争が勃発した。両国は力を合わせて,コソボ問題に取り組まざるを得なくなった。併せて,不幸なことに,同年8月,トルコ北西部で大地震が発生した。この時,ギリシャはトルコに対する多大なる援助を惜しまなかった。ここに加えて,中欧各国の対EU加盟が現実のものとなった今,バランス上,トルコの対EU

Ⅳ　南東ヨーロッパ社会の経済復興と構造改革

加盟について真剣に検討されるようになってきた。

　全体として，トルコの欧州社会への仲間入りが加速してきている事実を否定することはできない。これが直線的にトルコ・ギリシャ関係を改善の方向に向かわせることとなった。

　とは言え，トルコの経済基盤は現在においてもなお脆弱である。ここに追い討ちをかけたのが大地震だ。その被害額は，試算で90億〜130億ドルと見積られている[1]。世界銀行が10億5,000万ドルという巨額の融資を決めた他，IMFやEUも緊急支援を決定した。恐らく復興特需も発生しよう。2000年には5％のプラス成長になると予測されている。

　しかし，復興特需と構造改革とは別次元の問題なのである。今，トルコに求められているのは，中期的な構造改革なのだ。以下では，停滞するトルコ経済と好調なギリシャ経済の姿を描く。

(2)　トルコ経済社会の歪み

　トルコの98年第4四半期のGDP成長率はマイナス1.4％であったが，その翌年の第1四半期ではマイナス8.5％にまで落ち込んだ[2]。この落ち込みは，コソボ紛争や大地震とは時間的に全く関係がない。総需要の低下が主たる原因なのである。98年8月末に実質金利が上昇したことを受けて（加えて利子税は15％），消費と投資とが大幅に低下したのであった。

　また，97年夏以降に発生した世界連鎖不況の影響がトルコにも及んだ。この経済危機の影響で60億ドルが流出したと言われる。このような資本の流出に加えて，財政赤字の累積やインフレが実質金利上

昇，あるいは金利上昇の圧力要因となったのである。

ところが，99年に入って，明るい兆しが表れるようになった。GDPは大幅なマイナス成長を記録してしまったものの，工業生産は上昇に転じた（但し，自動車生産は奮わない）。例えば，テレビ生産。99年4月は対前年同期比で21％の伸びとなった。冷蔵庫も同じく22.2％の成長であった。いずれも輸出が好調だったからである。トルコ製テレビの欧州市場におけるシェアは15～20％に達する。

ここに加えて，銀行部門（総数で75行，このうち60が商業銀行）の純利益が28億ドル（98年）で，対前年比で42％の伸びを記録した。同時に，銀行のドル建て資産が23％増えて，1,164億ドルとなった（98年）。この額はGNPの70％に相当する。99年3月には1,167億ドルにまで拡大した。

トルコは80年代から輸出振興策を採用してきた。その中心的役割を担っているのが，87年に設置された国営の輸出支援銀行・トルク・エクシムバンク（Export Credit Bank of Turkey）である。

ところが，トルコの外国貿易は赤字なのだ。輸入に占める輸出の比率は，92年の64％から98年には58％にまで低下した。この92～98年期に輸出が82％伸びた反面，輸入は101％の増加であった。特に，工業関連の中間財や資本財の輸入の伸びが著しかった。これはトルコ産業が工業中心に移行したことを示すものであるが，この事実が輸入増に結びついた。なお，トルコ貿易の50％が対EU向けである。殊に，ドイツがトルコ最大の貿易相手国となっている。

トルコは最近になって民営化に取り組み，IMFや世界銀行もこれを評価しているけれども，それでもまだ不充分である。民営化を軌道に乗せないと，EU加盟の基礎条件が整わない。構造改革が焦眉の急と

Ⅳ　南東ヨーロッパ社会の経済復興と構造改革

なっている。このトルコとは対照的に，ギリシャでは民営化が順調に進展している。この点を解明してみよう。

(3)　好調なギリシャ経済

　ギリシャの株式相場が活況を呈している。株価指数（アテネ・ジェネラル・インデックス）で見ると，1999年11月初めには同年初と比べて2倍にまで跳ね上がった[3]。これは第1に，民営化が進展したために，個人投資家の層が厚くなったからである。第2に，欧州の機関投資家がギリシャ企業によるM&Aの動きに注目し始めたからだ。第3に，ギリシャが2001年にEUの通貨統合に参加する見通しとなっているからである。それだけではない。現実にギリシャ経済の足腰が強くなったのである。ギリシャの株高はバブルではない。

　従来，ギリシャの財政赤字はEU域内で最高だった[4]。そして，この利払いが増大する一方だった。対GDP比で見ると，財政赤字の累積は，79年の27.6％から94年末には120％に，そして95年には151.4％に達した[5]。単年では約12.5％のレベルであった。ところが，96年の財政赤字は対GDP比で7.5％，97年には同じく4％にまで急減した[6]。ギリシャは見事に財政赤字を処理してしまったのである。

　それどころか，97年以降，ギリシャは安定成長を達成してきている（表Ⅳ-10参照）。物価も安定軌道に乗るようになった。ギリシャは2001年にEU経済通貨同盟に加盟することを現段階の最優先課題にしている。それへの経済的準備は着々と進んでいる。併せて，2004年にはアテネ・オリンピックが開催される。ギリシャ経済の復活の兆しが見え始めてきた。

表 IV-10 ギリシャのマクロ経済指標

	1997	1998	1999[1)
実質 GDP 成長率(%)	3.5	3.1	3.2
消費者物価指数			
年間平均	5.6	4.9	3.3
年末	4.7	4.6	2.4
12 カ月物国債利率	9.6	10.8	8.5
平均為替相場(ドラクマ)			
対マルク	157.4	170.0	178.0
対ドル	273.1	303.0	294.0
経常収支(対 GDP 比：%)	-4.1	-4.2	-3.6

(注) 1)見通し
(出所) The Economist, *The World in 1999,* p. 33.

(4) ギリシャ，トルコの立場

両国とも南東欧地域にとって不可欠な存在である。周辺国に対して，雇用の機会を提供すると同時に，両国は投資国としての役割も果している。ギリシャの経済的繁栄が続き，トルコがEUに加盟すれば，これは南東ヨーロッパの経済安定に寄与する。また，カスピ海産石油のパイプライン（バクー・トルコのジェイハン間）[7]や天然ガスのブルーストリーム計画[8]が完成すれば，トルコの重要性は更に高まる。そしてやがて，バルカンの安定がギリシャ・トルコに逆流して，両国の経済発展に結実していくのである。

註
(1) 『日本経済新聞』1999年9月18日。
(2) The 1999 Guide to Turkey, *Euromoney*, August 1999, pp. 2-5.

Ⅳ 南東ヨーロッパ社会の経済復興と構造改革

(3) 『日本経済新聞』1999年11月5日。
(4) Ioannis S. Vavouras, Public Sector Deficits: Their Economic and Policy Determinants in the Case of Greece, *Journal of Policy Modeling*, Volume 21, Number 1, January 1999, pp. 89 – 100.
(5) Stelios Makrydakis, Elias Tzavalis, Athanassios Balfoussias, Policy Regime Changes and the Long–run Sustainability of Fiscal Policy: an Application to Greece, *Economic Modeling*, Volume 16, Number 1, January 1999, pp. 71 – 161.
(6) The Economist, *The World in 1999*, p. 33.
(7) 『日本経済新聞』1999年11月4日。
(8) 同上, 1999年11月24日。
   このブルーストリーム計画構想とは, ロシア産天然ガスを黒海を経てトルコに供給するための海底パイプラインの建設をいう。

8 南東ヨーロッパの将来像
―― スロベニアとクロアチア ――

(1) 本節の位置

　第Ⅳ章「南東ヨーロッパ社会の経済復興と構造改革」の締め括りとして，南東欧社会の将来像を探るために，同じバルカン半島に位置するスロベニアとクロアチアを取り上げてみよう。スロベニアと他のバルカン半島諸国との経済格差は歴然としているけれども，それを承知の上で将来像としてのスロベニアとクロアチアを分析対象としてみよう。少なくとも南東欧諸国の進むべき方向は明らかになるものと判断される。

(2) 改革から変革へ

　スロベニアの経済変革は，他の中欧諸国と比べて，遅れているとしばしば指摘されてきた。何故か。急進的変革が必要でなかったからである。スロベニアは旧共産圏では最も豊かな国である。国民1人当りのGDPは約1万ドルに達する。この数値はチェコやハンガリーの2倍に匹敵する[1]。

　しかし，最近になって，スロベニアは変革の速度を速めようとしている。EUのスタンダードにそのルールを接近させるためである[2]。

Ⅳ 南東ヨーロッパ社会の経済復興と構造改革

表 Ⅳ-11 スロベニアのマクロ経済指標

	1996	1997	1998	1999[1)]
GDP成長率(％)	3.3	3.8	4.0	3.0-4.0
国民1人当り実質GDP成長率(％)	9,471	9,161	9,899	10,832
失業率(％)[2)]	7.3	7.4	7.9	7.9
労働生産性(％)	4.1	3.8	3.5	3.3
小売物価上昇率(年間平均：％)	9.7	9.1	7.9	6.0
経常収支(100万ドル)	38.9	36.6	-6.0	-80.0
外貨準備金(100万ドル)	4,130	4,357	4,767	4,693[3)]
対外債務(100万ドル)	4,010	4,176	4,959	5,126[4)]
財政収支(対GDP比：％)	+0.3	-1.1	-0.6	-0.7

(注) 1)予測 2)1998年については年間平均,1999年については第1・四半期 3)1999年3月 4)1999年2月

(出所) *Slovenia Weekly*, No. 23, June 1999, p. 17, 並びに *The Economist*, November 6th - 12th, 1999, p. 89 より作成.

スロベニアの経済的弱点は失業率とインフレ率とにある。GDP成長率は比較的高い反面，今でも失業率が14.4％，インフレ率が7.5％と高水準に留まっている[(3)]（表Ⅳ-11も参照のこと）。

だが，99年の予測では，財政赤字は単年で対GDP比0.7％，累積で同じく37％となっており，EUの通貨統合参加の条件を満たしている[(4)]。然も，99年7月1日からはVATが導入されて，税基盤の強化が図られた（乗用車などは19％，食料品などは8％と設定されている）[(5)]。

GDPの60％は輸出によって創出され，更に輸出の60％はEU向けである。併せて，GDPの63％をサービス部門が創出し，農業は僅か5％に過ぎない。かつ，GDPの55〜60％を民間部門が創出するが，これは依然として国営企業が多いことを示唆する[(6)]。

また，価格の17％が今でも政府によってコントロールされている。加えて，外国直接投資は意外と少なく（89年以来13億ドル，国民1人当

りで640ドル），資本の3％，雇用の6％，輸出の20％を占めるに過ぎない。この豊かなスロベニアでさえも，外国資本を含めた民間部門の充実化が必要なことが今，判明した。他のバルカン半島諸国であれば，これは言わずもがなの課題と言えるだろう。

(3) コソボ紛争の影響

コソボ紛争は周辺国に多大な負の影響を与えたが，ここでは観光収入の観点から見てみよう。スロベニアの隣国クロアチアでは，99年の観光収入が対前年比で30～50％程度低下する見通しという[7]。これは直接的に外貨収入の減少を意味する。従って，同国の国民通貨クーナがどうしても弱含みにならざるを得ない。

観光立国化を目指す国にとっては大打撃となる。観光立国には紛争の回避は無論のこと，いわゆるカントリー・リスクを下げる努力が必要となる。これについては，インフラ整備と同様に，バルカン半島諸国が団結して取り組む必要がある。

更にクロアチアの内政について触れると，同国の民主化と市場経済化はツジマン大統領（Franjo Tudjman）の時代が終焉しない限り，進展しないのである[8]。ツジマンが自国を私物化していたために，国際社会が援助できないでいた。クロアチアは，ポスト・ツジマンの時代になってはじめて本格的な変革に着手できるのである。ツジマンが死去した今，漸くクロアチアの本格的な復興が始まる。

Ⅳ 南東ヨーロッパ社会の経済復興と構造改革

(4) 市場経済への道程

　南東欧諸国の市場経済への以降については，まずリベラルな政府のリーダーシップが必要である[9]。国際社会からの援助を活用して，あらゆる分野のインフラを整備するのは政府の仕事である。

　元々，バルカン半島諸国のインフラは劣悪な状態にある。これは共産主義時代，当該国政府自身が貧しかったことも事実だけれども，交通網が発達することに伴って市民の移動が容易となり，独裁者の政権基盤を揺るがせてしまうために，独裁者自身が意図的に不便な状態を放置していたと考える方が，事実に沿っている。加えて，バルカン半島が欧州の辺境に位置し，かつ東側の世界に属していたので，西欧にとってもバルカン半島を無視できたことも，インフラ整備が遅れた原因と言える。

　体制移行後もこの状況に大した変化はない。市民の所得水準が低いために，国庫に納入される税規模が小さい。対外援助に依存しなければならないのだが，国際社会がバルカン社会を軽視してきた。こうした事情が複合要因となって，バルカン半島のインフラ整備が遅れているのである。幸い，コソボ紛争をきっかけとして，国際社会がバルカン社会に眼を向けるようになった。これを絶好の機会と認識して，当該国政府はインフラの整備に尽力すべきだろう[10]。

　戦略産業の民営化に関しても，政府の賢明なる決断が要請される。カントリー・リスクの低減努力を所与として，こうした枠組が前提となって，民間レベルの活動が実を結ぶのである。いわば，上からの民営化と下からのそれとが巧みに融合してはじめて，市場経済が円滑に

機能するのである[11]。この文脈において，中小企業の重要度が増して来る。

中欧圏は事実上，ユーロ・ランドに組み込まれ，本格的な市場経済が始動した[12]。生活水準に関して言うと，25〜30年で中欧はEUの平均になれるという見解があるほどだ[13]。

ところが，南東欧圏では，市場経済に移行する準備が漸く整った段階でしかない。EUはブルガリアとルーマニアをこれまでその加盟候補に加えてこなかった。これはEU側の政策ミスである。加盟候補に昇格できたのは，コソボ紛争後のことだ。ブルガリアについては，対NATO早期加盟をアメリカのクリントン大統領が明言している[14]。

無論，バルカン半島諸国の自助努力は大前提条件である。各国内で対立を再発させてはならない。対立のある所に発展は期待できない。アルバニアはこれを実証している。カントリー・リスクが高ければ，外国人投資家は参入しない。また逆に，投資家側のことを言うと，南東ヨーロッパにおいては新たな経営戦略を打ち出す必要に迫られているのだ[15]。新興成長市場で事業展開の経験が豊富な企業が，南東ヨーロッパに適しているのかもしれない[16]。

いずれにせよ，こうした過程を経て，南東ヨーロッパ社会は活性化していく。結果として，スロベニアの経済水準にまで接近することが可能となる。

註

(1) *Euromoney*, October 1997, pp. 76–77.

(2) *The Banker*, August 1999, pp. 37–39.

(3) この数字はアメリカの『ビジネス・ウィーク』誌（*Business Week*,

November 8, 1999, p. 21) に依拠している。そのために，表Ⅳ-11の数字とは若干異なっている点をお断わりしておきたい。

(4) *The Economist*, November 6th – 12th, 1999, p. 89.
(5) *Slovenia Weekly*, No. 23, June 1999, pp. 4 – 5.
(6) Tine Stanovnik, Stanka Kukar, The Pension System in Slovenia: Past Developments and Future Prospects, *International Social Security Review*, Volume 48, January 1995, pp. 35 – 44.
(7) *Euromoney*, September 1999, pp. 290 – 294.
(8) *The Economist*, November 13th – 19th, 1999, p. 62.
(9) Bernhard Seliger, Integration of the Baltic States in the European Union in the Light of the Theory of Institutional Competition, *Communist Economies and Economic Transformation*, Volume 10, Number 1, March 1998, pp. 95 – 109.
(10) Michael Harvey, Matthew B. Myers, A Comparison of Infrastructure Development in Select Eastern and Western European Countries Pre/Post the Fall of the Berlin Wall, *Thunderbird International Business Review*, Volume 41, Number 1, January – Februay 1999, pp. 83 – 105.
(11) Piotr Jasiński, Cathryn Ross, The Use of Policies for Competition in the Promotion of Structural Change in Transforming Economies, *Post–Communist Economies*, Volume 11, Number 2, June 1999, pp. 193 – 217.
(12) Mihály Simai, When will the Transition Phase End?, *Thunderbird International Business Review*, Volume 41, Number 1, January–February 1999, pp. 7 – 27.
(13) *Business Week*, November 8, 1999, p. 25.
(14) 『日本経済新聞』1999年11月23日。
(15) Marin A. Marinov, Svetla T. Marinova, Foreign Investor Strategy Development in the Central and Eastern European Context, *Thunderbird International Business Review*, Volume 41, Number 1, January–February 1999, pp. 107 – 130.

(16) Yadong Luo, Jike W. Peng, Learning to Compete in a Transition Economy: Experience, Environment, and Performance, *Journal of International Business Studies*, Volume 30, Number 2, Second Quarter, 1999, pp. 269 – 296.

Ⅴ　コソボ紛争と国際関係

1 冷戦終結と国家主権

　ウェストファリア条約締結（1648年）以降，国家主権は絶対に侵害できない神聖なるものと認識されてきた。少なくとも政治的枠組においては，必ず国家主権は死守された。主権が侵害された場合，それは戦争に直結した。防衛権と通貨発行権とは，国家主権の具現と言える。

　ところが，冷戦時代，旧ソ連邦圏でブレジネフ・ドクトリンが発表された。これは，同ブロック内部において，共産主義に反する動き（あるいは反ソ運動）があれば，たとえ主権国家であってもその主権の行使を制限することができるという内容であった。つまり，旧ソ連邦の国外であっても，衛星国の中で反ソ行動が生じた場合，旧ソ連邦の軍事力でもってそれを弾圧できるということを示唆していた。当時，それは制限主権論と呼ばれた。

　加えて，コメコン（セフ＝経済相互援助会議）域内では，貿易に限定されていたけれども，振替ルーブルという計算単位（一種の共通通貨）が適用されてきた。これもまた，旧ソ連邦に主権を委譲したものと位置づけられる。併せて，開発途上国における米ソによるいわゆる代理戦争についても，主権が制限されたケースに該当しよう。旧ソ連邦が挑発していたからである。それは旧ソ連邦の勢力圏を拡大する手段に他ならなかった。

　ベルリンの壁が崩壊し，冷戦に終止符が打たれると，今度は西欧，すなわちEU（欧州連合）で共通通貨・ユーロが誕生した。これも加盟

V　コソボ紛争と国際関係

各国がその主権の一部を委譲したことを意味する。そして，加盟各国は，強制によるものではなく，自主的に主権の一部を放棄した。しかしながら，このEUのケースが冷戦終結の産物と見なすことはできない。

　ここで強調したいのは，冷戦終結に伴う地域紛争の多発と国家主権との関係である。冷戦終結後，開発途上国における内戦，あるいは局地的戦争に，しばしば国際社会が参入してきた。これは明らかに主権の制限である。だが，国際社会が介入する場合，人道主義という概念が必ず規準となった。ボスニア・ヘルツェゴビナの内戦の場合もそうであった。コソボ紛争に対するNATO（北大西洋条約機構）の関与は，その典型的な事例である。こうして根源的に人権が絡む場合には，国家主権が制限されるという不文律が定着しつつある。

　要するに，内政不干渉を大原則とした神聖なる国家主権でさえも，今や人権という要素が注入されると，それが制限されてもやむを得ないと認識されるようになってきているのである。これは国家主権の意味内容の変質と言える。特に，欧米ではこうしたイデオロギーが浸透しつつある。

　これに反旗を翻すのが中国である。その国内に人権問題を抱えるからである。ゆえに，コソボ紛争の際，中国は空爆に反対した。ロシアの立場は，欧米と中国の中間点にある。当初，欧米に反対するが，ある時点で譲歩する。これはロシアの戦略である。チェチェン問題の時でも，最終的にはOSCE（欧州安保協力機構）の調査を受け入れている。ロシアは自らが欧州の国家だと自認しているからだ。この点，中国とは全く異なる。

2　コソボ紛争と米中関係

　中国のWTO（世界貿易機関）加盟に関して，アメリカとの間で合意に達した事実は朗報である。グローバル経済への中国経済の参入は，ビジネス・チャンスの拡大につながる。だが，これで中国が本質的に変わったわけではない。また，たとえ米中関係が改善したとしても，それで問題が解決されたのではない。今もって中国は共産党一党による独裁国なのである。

　建国50周年を迎えた中国は，軍事力の強化に傾注している。貿易か，それとも安全保障か，という選択においては，中国は必ずや安全保障の方を選ぶ。中国はそれが国益に合致するものと認識している[1]。

　一方，アメリカは，中国とは違って経済を選択するだろう。アメリカ企業の対中国投資額は，天安門事件の時（1989年）で17億ドルであったのが，今日では210億ドルにまで増えている。併せて，アメリカの対中国貿易赤字が積み増している事実もまた，政治的な対話とは関係なく，貿易ベースで米中関係が維持されてきたことを意味する。アメリカにとって中国は，ビジネス・パートナーに過ぎないのである。両国間のいわゆる戦略的パートナーシップとは，安全保障よりもむしろ経済関係に力点が置かれている。少なくともアメリカはそのように理解しているのではなかろうか。

　内外に誤解を招くような戦略的パートナーシップなるものを，アメリカは中国と締結すべきではなかった。アメリカの対中国重視政策は，

V コソボ紛争と国際関係

冷戦時代,旧ソ連邦が仮想敵国であった時には有効に作用した。しかし,今やアジア自由世界にとっての仮想敵国は,ロシアではなく中国なのである。アメリカの外交政策は,ある意味で冷戦時代を引きずっている。ポスト冷戦期に入って,アメリカは外交政策の巧妙な転換に失敗したと診断できよう[2]。

確かに,アジアは冷戦後の現在でも冷戦構造が残る。しかし,アジアでは仮想敵国が旧ソ連邦,現在のロシアから中国に移行している。アメリカはこの現実をもっと直視すべきである。アメリカが中国を重視する限り,アジアにおいて安全保障体制,すなわちアジアの新秩序を構築することは不可能である。

それでも,冷戦後におけるアメリカによるグローバル戦略の主な構成要素は,次の二つから成る。第1に,新しい日米の防衛協力ガイドラインに基づく日米関係の強化である。これを背景として,日米が協力して中国を監視していこうとする試みだ。勿論,米中間の戦略的パートナーシップよりも,プライオリティーは格段に高い。

第2に,NATOの東方拡大によって,ロシアを抑止しようとするものである。コソボ紛争に対するNATOの介入は,第2の戦略に依拠したものであることは指摘するまでもない。ただ,これが無闇にロシアを刺激してしまった。

米中関係の悪化は,直線的に中国と日本や東南アジア,それにロシアとの関係悪化を誘発してしまう。中国はこの状況を打破するために,北朝鮮カードをちらつかせ,インドとの関係見直しに動いた。ただ,中国は本当に脅威なのか,という点を点検しておく必要はあろう。もし脅威でなければ,中国というファクターを無視できるからである。これは日本外交の柔軟度を高める。むしろロシアの方が日本にとって

重要な国ということに帰結する。

註

(1) *Far Eastern Economic Review*, June 17, 1999, pp. 10 – 14.
(2) Robert W. Tucker, Alone or with Others — The Temptations of Post–Cold War Power —, *Foreign Affairs*, November/December 1999, pp. 15 – 20.

Ⅴ　コソボ紛争と国際関係

3　中国は脅威か

　1999年，中国は建国50周年，経済改革20周年を迎えた。中国にとって99年は節目の1年間であった。内外のメディアは，挙って中国特集を組んだ。いずれも新しい中国の実像を探ろうとするものであった。

　アメリカの『ビジネス・ウィーク』誌は，中国の新しい資本主義と題して，経済に着目しつつ，その光にスポットを照射した[1]。

　現代の中国では，次々と企業家精神を備えた実業家が出現し，これに伴って民間企業が雨後の筍の如く設立されている。これは経済改革の立派な成果である。結果，民間企業がGDP（国内総生産）の40％を創出するに至った（国営企業によるそれは47％）。5年後には，この数字は60％に達し，民間部門が雇用の75％を吸収するようになる。中国政府から見ても，税収基盤が民間に移行して，現在よりも安定化に向かう。然も，中国当局自らが，中国企業がグローバル企業に対抗できることを念願している。現段階は，民間企業が大規模化していく端緒と位置づけられる。

　このように，『ビジネス・ウィーク』誌は民間主導型による中国経済の発展を力説した。同誌の指摘は正に事実である。ところが，『フォーリン・アフェアーズ』誌に寄稿したジェラルド・シーガルは，三流国として中国を把握し，その脆弱性に力点を置く[2]。そして，経済，軍事，政治の各分野から現代中国を検証している。

　まず第1に，中国の経済力からその議論が展開される。中国市場は

巨大だけれども，中国の経済力は中流以下だ，とシーガルは酷評する。何故か。その世界経済に対する影響力が小さいからだという。まず，中国当局による経済政策が奏功していないと喝破する。次に，経済改革が着手されてから20年もの年月が経過したにもかかわらず，中国と先進国との貿易は比率で見ると僅かなものだと指摘した。今もって，中国貿易は，アジアにおける華僑・華人ネットワーク内部での貿易や投資に留まっている点を彼はその理由として挙げた。そして，経済面の結論として，中国の経済改革が成功しようと，失敗しようと，グローバル規模ではその影響力は些細だと断言した。

　第2に，軍事面についてである。シーガルはまず，中国の軍事力を二流だと評価した後，それは脅威ではないと決めつけた。中国の脅威とは，イラク程度（あるいはイラク以下）の当該地域内部における脅威に過ぎない。従って，アメリカは敢えて中国をその戦略的パートナーにする価値はないと分析する。

　加えて，中国は国連（UN）・安全保障理事会の常任理事国だが，拒否権を行使する能力はないと言い切った。拒否権については，中国よりもむしろロシアの方が面倒なのである。従って，たとえ中国が反対したとしても，それは大した問題ではない，とシーガル論文は判断する。併せて，北朝鮮に関しても，中国よりもアメリカの方が影響力を保持しているとみる。

　最後に，政治面に関するシーガルの見解も経済や軍事の各分野と同様に，中国の限界を強調している。つまり，国際政治の分野でも，中国には多大な影響力を行使する能力がないとするのである。全体として，シーガルは，中国の限界にトーンを置いて，その三流さを浮き彫りにしている。

中国の実像を描くことは極めて難しい作業だけれども，経済改革（改革・開放）の成果は中国国内に限定され，良きにつけ，悪しきにつけ，中国経済がグローバル規模でその存在感を誇示することは当面の間はない，と診断しても良いのではなかろうか。

日本にとって，共産国・中国は脅威であり，北朝鮮と並ぶ仮想敵国であるという事実には些かの変化もない。だが，所詮，中国はアジアでしか通用しない二流国家なのかもしれない。とすれば，日本の中国に対する遠慮・気兼ねは不用，あるいは杞憂ということになる。中国の方が，日本を脅威だと感じていることだろう。日本外交はこれを戦略的に有意義に利用することが可能なのである。日本外交の質的転換が望まれる。

註

(1) *Business Week*, September 27, 1999, pp. 50 – 58.
(2) Gerald Segal, Does China Matter?, *Foreign Affairs*, September/Octover 1999, pp. 34 – 36.

4　ロシアは脅威か

　1999年11月中旬，トルコのイスタンブールで欧州安保協力機構（OSCE）首脳会議が開催された[1]。そこでは，21世紀の欧州安保の理念を示した欧州安保憲章が調印された。人権尊重という価値観の普遍性が明言されたものと解釈できる。つまり，欧米において人権が著しく損なわれた場合，国家主権が制限されることを意味する。
　一方，会議を総括するイスタンブール宣言では，この欧州安保憲章の理念に沿って，OSCE代表国のチェチェン受け入れが盛り込まれた。ロシアは，コソボ紛争の時と同様に，国内のチェチェン紛争に関しても，欧米に譲歩する姿勢を示した。また，ロシア自らが欧米社会の一員であることを認めたとも言える。共産国家・中国とは異なる立場を民主国家・ロシアが明示した。
　ただ，ロシア国内が不安定なのは今も全く変わりはない[2]。エリツィンが念頭に置く次期大統領候補であるウラディミール・プーチン（Vladimir V. Putin）首相は，まずエリツィン・ファミリーを守り抜かねばならない[3]。
　次に，チェチェン紛争の処理に失敗すると，非常事態宣言が布告されるかもしれない。何しろロシア軍は旧ソ連邦解体以来，全く改革されていない[4]。ロシア側の本音は，NATOにチェチェンへの空爆を要請したいところにあるだろう。ロシアのメンツがどうにかそれに歯止めを掛けているに過ぎない。

V　コソボ紛争と国際関係

　もう一つ。ベラルーシ問題が横たわっている。ベラルーシの対ロシア統合，すなわちスラブ連邦の形成については，ロシアよりもベラルーシの方が熱心である。ベラルーシはNATOとロシアとに挟まれて，不安定地域に位置しているからである。しかし，ロシアはベラルーシを吸収合併したくないはずである。理由は，ベラルーシ経済が極めて悪いからだ。農夫の月収は8ドルで，然も3カ月も支給が遅れている。教師のそれも20ドルで，やはり1カ月の遅れである。インフレ率は月間20％に達する[5]。ロシアにはこんなベラルーシを吸収合併する経済的，精神的余裕など全くない。ただ，ロシアとベラルーシが連邦を形成した今，今度はウクライナが不安定地域と化してしまった。

　ロシアには国内問題が山積しており，対外的に対立することは不可能である。最近，ロシア経済がプラス成長に転じたとは言え（99年のGDP成長率は1.5～2％の見通し），月間15～20億ドルに上る資本流出は未だストップしていない[6]。一般の市民にしても，毎日の生活のことで頭が一杯だろう。

　国際社会からの援助が跡切れてしまうと，ロシアは破産宣告をしなければならない。一握りのロシア人に富が集中している。然も，その富は海外に流出している。ロシアの国庫については，外貨はほとんど無いに等しい状況と言える。国際社会と断絶など，今のロシアにできるはずがない。

　と同時に，国際関係においても，例えば米露関係は国際関係の行方を決定する重要な変数であることには些かの変化もない。過度にロシアを追い詰めてしまうのは，日欧米にとって戦略上，得策とは言えない。今のロシアには外交上の戦略は，あっても無いに等しい。ロシアが締結する戦略的パートナーシップとは，武器売却の基盤に過ぎない。

ゆえに，ロシアは中国とはそれを締結しても，アメリカとは締結しない。また，今日のロシアは，CIS（独立国家共同体）域内は別として，いわゆる遠い外国とはいずれの国であっても軍事同盟を結ぶ意思は毛頭ない。同時に，戦争を勃発させたり，外国に介入する意図も能力も全くない。要するに，ロシアは，核保有国ではあるけれども，脅威ではないのである。むしろ，日欧米にとっての同盟国と見なすべき国なのである。これが日露平和条約の成立基盤となる。

註
(1) 『日本経済新聞』1999年11月20日。
(2) *Business Week*, November 22, 1999, p. 39.
(3) *Time*, October 11, 1999, p. 40.
(4) *The Economist*, November 6th – 12th, 1999, pp. 57 – 58.
(5) *Ibid.*, July 24th – 30th, 1999, pp. 47 – 48.
(6) 『日本経済新聞』1999年11月25日。

Ⅴ　コソボ紛争と国際関係

5　日本の立場

　第2次世界大戦以降，殊に冷戦時代においては，日本はあらゆる意味で大国への道を避けて通ってきた。勢い，国際関係の変動には全く無関心だった。日米同盟の存在があるがゆえに，無関心でいられた。
　冷戦時代，日本の仮想敵国は旧ソ連邦のみであった。北朝鮮も中国も脅威ではあったけれども，日本は旧ソ連邦を仮想敵国だと考えた。当時，それは正しい解釈であった。アメリカもまた旧ソ連邦と敵対していた。アメリカは戦略的に中国を自陣営に組み込もうとした。これはキッシンジャーの戦略であった。旧ソ連邦が仮想敵国である以上，旧ソ連邦との対抗上，やむにやまれぬ究極の選択であった。
　しかしながら，中国は同盟国にはなり得なかった。戦略的パートナーシップなるものも締結されなかった。単に中国と外交関係を円滑化して，台湾と断絶したに過ぎなかった。だが，それでも冷戦時代には，これは重要な意義を保持していた。結果として，中国は日米にとって敵国ではなかった。中国との関係を重視していた北朝鮮もまた，純粋な意味では敵国ではなかった。
　ところが，90年代に入って，仮想敵国・旧ソ連邦がこの世から消滅した。そこから誕生したのは民主ロシアであった。しかし，アメリカはロシアとではなく，中国と戦略的パートナーシップを結んだ。その意味内容は今もって不明だけれども，アメリカの対中国政策が冷戦時代のそれと不変だということを示すものと解釈できよう。

確かに，旧ソ連邦が滅亡して，冷戦は終結した。だが，それは欧米に限定された冷戦終結だった。アジアでは，現在においても冷戦構造が継承されている。アジアには今でも共産党一党独裁の国が三つも存在する。然も，それぞれが自己主張をし始めている。本来ならば，あるいはアメリカがアジアに位置すれば，ロシアと戦略的パートナーシップを結ぶべきだったろう。

　こうした国際関係を背景に，ポスト冷戦時代に入って，日本外交に変化が散見できるようになった。日米関係は冷戦時代のそれと不変（あるいは更に強化）ではあるが，国際関係の変動に日本の外交が呼応するようになってきたのである。これが，中国や北朝鮮から見た場合，日本が彼らにとっての脅威と映るのだ。

　日米同盟は，NATOの当然の帰結だと中国は判断する。中国の懸念材料は，日米軍事同盟の強化であり，日本国憲法第九条のスクラップ化である。また，TMD（戦域ミサイル防衛）システムが中国に適用されることを彼らは恐れる。台湾の独立を後押しするものと彼らが考えるからである[1]。

　日本とアメリカに今必要なのは，アジア・太平洋の安定に関して鍵となるファクターが民主ロシアだと認識することである[2]。この認識の正しさは，コソボ紛争の際に立証された。民主ロシアは独裁国セルビアを見捨てて，日欧米社会と歩調を合わせたのである。最後までそれをしなかったのは中国の方だ。

　従って，アジア地域では，単なる二国間関係の集積ではなく，アメリカを中心としながら，ロシア，韓国，台湾，オーストラリア，日本との間で，軍事協力を強化していく方向を打ち出す戦略が要請されるのである。日本の立場もまた，更に変質したことを内外に示しておく

V コソボ紛争と国際関係

べきだろう。コソボ紛争の例からも明らかなように，距離とは関係なく，日本も否応なしに地域紛争には多かれ少なかれ関与せざるを得ない。国際社会が日本の座視を許さなくなってしまった。

これからの日本外交は，日米同盟を主軸としながら，対ロシア関係を重視していくことが重要だと思われる。コソボ紛争でロシアの立場を理解する一方，欧米社会に積極的に働きかけていたならば，日露平和条約に関して，期限通り調印される準備が整っていたことだろう。

日本では，ロシアで内政問題が山積しているから，日露平和条約の交渉が足踏みしているという見解が支配的であるけれども[3]，そうではない。国際舞台で日本がロシアの立場に理解を示す態度をとらないからである。結果として，同交渉が暗礁に乗り上げたのである。エリツィンの個人的交渉は何の解決にも至らなかった。

日本外交にとっての最重要課題は，日露平和条約の締結（北方4島の返還を含む）なのである。優先順位を忘れてはなるまい。

註

(1) *Far Eastern Economic Review*, July 1, 1999, pp. 22 – 24.
(2) Robert A. Scalapino, Japan, Russia, and the U.S. Role, Vadimir I. Ivanov, Karla S. Smith, eds., *Japan and Russia in Northeast Asia —Partners in the 21st Century —*, Praeger, 1999, pp. 87 – 105.
(3) 『日本経済新聞』1999年11月22日。

Ⅵ　日本の貢献策

1 日本のODA (政府開発援助)

　南東欧地域に対する日本の援助については，次の二つの主柱から成るように思われる[1]。まず第1に，ボスニア・ヘルツェゴビナやコソボのような紛争地域に対する援助である。人道支援，基礎生活分野支援，経済・社会インフラ整備，選挙の実施に関する協力などが，これに該当する。第2に，南東ヨーロッパの民主化・市場経済化に対する支援である。ここでは，経済インフラの整備，人材育成，中小企業育成，環境などの分野を中心に援助が実施されてきた。

　以下では，国別に日本のODAの流れを追跡してみることにしよう。

　ボスニア・ヘルツェゴビナに対しては，内戦の勃発当初から支援を実施してきている。そして，95年11月のデイトン合意以降，本格的な協力がなされるようになった。96〜98年期では，無償資金協力が1億1,185万ドル，技術協力が465万ドル，合計で1億1,650万ドルの援助を付与している。

　一方，コソボ紛争に関しては，99年4月に総額で約2億ドルの支援を表明した。具体的には，第1に，人道支援向けとして約4,000万ドル，第2に，難民受け入れ国，すなわちマケドニアとアルバニアに2年間で約6,000万ドル，第3に，コソボ復興向けに約1億ドルの拠出を表明したのである。加えて，同年7月には，総額2,000万ドルの追加支援を言明している。

　アルバニアへの援助は，90年から開始された。アルバニアにとっ

Ⅵ 日本の貢献策

て重要な外貨獲得源である電力の輸出力の強化を狙って,水力発電所改善や送配電網整備に力点を置いて,円借款を供与してきた。

ブルガリアには,エリセイナ地域産業公害改善計画,プロブディフ地域産業公害改善計画,ブルガス港拡張計画に円借款を実施した。

ルーマニアについても,コンスタンツァ南港整備計画,道路整備計画に円借款を供与してきた。

マケドニアに対しては,従来,大気汚染モニタリング計画や全国総合水資源開発管理計画などのプロジェクトを推進してきたが,コソボ紛争に伴って,援助額を積み増すことになった。すなわち,99年4月および6月に,難民受け入れ国に対する支援として,医療機物供与,食糧増産援助,ノンプロジェクト無償資金協力で合計22億7,400万円を表明したのであった。

註
(1) 以下に挙げる統計数字は,すべて次の文献を利用していることをお断わりしておきたい。
外務省経済協力局編『我が国の政府開発援助』(ODA白書,下巻・国別援助),国際協力推進協会,1999年10月,863〜948ページ。

2　貢献策の質的転換

　日本が南東欧地域に援助を本格的に実施するようになったのは，90年代に入ってからのことで，旧ユーゴスラビアを除くと，どの国も日本にとっては新しい援助対象国ばかりである。それだけ日本による援助の蓄積の乏しい地域だと言える。特に，90年代前半の援助は，単発的なプロジェクトに留まっていた。日本の独自の貢献とはお世辞にも言えなかった。手さぐりの時期であったと言えよう。

　しかしながら，90年代の後半になると，インフラの整備を中心に少しずつ日本の顔が見える援助へと昇華するようになった。各国の実情に応じて，対象国が必要とする援助を比較的的確に実施できるようになったものと思われる。これは調査団を日本から派遣して，綿密な調査を行ったことが反映されてきているためであろう。

　更に加えて，ボスニア・ヘルツェゴビナの内戦とコソボ紛争を経て，日本の対南東ヨーロッパ援助が本格化してきていると評価できよう。日本にとって，南東ヨーロッパは遠い存在だが，国際社会の一員として立派な援助を模索してきた証と言えよう。

　以下では，日本が従来実施してきたインフラ整備，医療面での貢献などを併せて，更に幾つかの別の視点を提示してみたい。

　第1に，各国の戦略産業に対する支援である。例えば，アルバニアではクローム鉱，ルーマニアでは石油関連が戦略産業に相当する。クロアチアの観光業も戦略産業として捉えてもよいかもしれない。こう

した産業の関連施設・設備は、各国ごとに程度の差こそあれ、老朽化している。これらを日本の技術力で更新するのである。ODAを背景とした日本企業の参入の基盤にもなる。

　第2に、農業分野における支援である。日本の農業技術は、世界でも屈指の水準にある。各国でモデル地区を設置して、そこで日本農業を再現する試みである。農業を通じて、日本と南東欧地域とを結ぶことが可能となる。

　第3に、教育・訓練の分野への支援だ。南東欧政府はいずれも財政が苦しく、教育・訓練に投じる資金が不足している。それに南東欧地域の教育設備は劣悪である。ソフト、ハードを含めて、日本の経験を伝えることは極めて有意義である。日本に研修員を受け入れることも重要だと思われるが、年間に僅かな研修員しか受け入れることができないでいる。然も、一部のエリート層のみである。それに研修員の選抜は現地に委ねられている。そのために、その資質に問題がある場合も多い。それよりも南東欧各国に教育・訓練機関を創設して、人材の育成の面で貢献する方が、ずっと効果的であろう。

　日本企業にとって、南東ヨーロッパはビジネスの対象にはなり得ないのかもしれない。ゆえに、一部の日本企業を除いて、進出する企業が少ないと言える。しかし、欧州市場を視野に入れた時、それが誤ちであることに気づく。南東ヨーロッパは立派な生産拠点となり得る。それは欧米企業が立証している。欧州市場で競争力を保持するためには、南東ヨーロッパへの進出が不可欠との結論がいずれ日本でも定着してくるだろう。その進出の後方を支援するのが、日本政府によるODAの役割である。

　様々なプロジェクトが稼動して、南東ヨーロッパでインフラ整備が

軌道に乗れば，日本企業が進出するための環境が整う。アジア偏重は，リスクの分散という危機管理の原理に反する。それに南東ヨーロッパでは，親日感情が総じて根強い。あのセルビアでさえもそうである。グローバルな視点から日本の援助のあり方を見直す時期であるかもしれない。同時に，日本企業にとっても，グローバル規模でサプライチェーン・マネジメントを展開する時期だと思われる。21世紀における日本の顔をした貢献策——これが今求められている。

Ⅶ　南東ヨーロッパ社会の課題

1 南東ヨーロッパの課題とは

『日本経済新聞』(1999年11月29日)は,「地球カレントアイ」のコーナーでルーマニアを取り上げ,ブカレストから革命10周年後の経済事情をリポートしている。そして,経済悪化に苦しむ市民生活の姿を描いた。99年の実質経済成長率はマイナス4.9％の見通しで,3年連続のマイナス成長は確実だという。

国民1人当りの外国直接投資額で見ても,89〜98年の10年間で200ドル程度に留まっている(ポーランドの半分,ハンガリーの8分の1に相当)。ルーマニアの前大統領であるイリエスク氏も,同紙のインタビューに答えて,民主主義と開放政策については達成できた反面,市場経済化に関しては成功したとは言えない,と告白している[1]。また,彼は,次善の策としてのNATOとEUへの加盟を想定した。

ルーマニアのみならず南東ヨーロッパ社会では,概してエリート層の行動に問題があるように思われる。例えば,企業経営についてみると,経営者層に旧共産系政権時代の赤い貴族(ノーメンクラトゥーラ)と呼ばれた層が横すべり的にポストに就いている関係上,市場経済に沿った企業経営が展開できないでいる。いずれ彼らやその企業は自然淘汰されるであろうが,それまでは企業統治(コーポレート・ガバナンス)の実現は不可能だろう。

一方,この10年間に頭角を現わした民間企業は繁盛している。新規の民間企業の経営者は,経験を通じて市場経済を学習しているから

Ⅶ 南東ヨーロッパ社会の課題

だ。彼らが中産階級としての役割を果たすことができれば，国内貯蓄も増え，経済は安定軌道に乗ることだろう。現在はそこへ到達するまでの過程なのである。この学習過程はすべての層にとってのそれである。

南東ヨーロッパの課題は，上記の学習過程を紆余曲折を繰り返しながらも経験して，最終的にはEUに加盟することにある。クロアチア，ボスニア・ヘルツェゴビナ，ユーゴスラビア，アルバニア，マケドニアの対EU加盟については全く目処が立っていないが，バルカン半島の大国であるブルガリアとルーマニアについては，加盟の方向性は見えてきた[2]。コソボ紛争後，EU側でも南東ヨーロッパの対EU加盟の気運が盛り上ってきたと判断できよう。

しかしながら，気運だけでは南東ヨーロッパの対EU加盟は実現し得ない。南東ヨーロッパの真の欧州化が求められるのである。それでは，南東ヨーロッパにとっての欧州化とは何か。この点を考えてみよう。

註
(1) 『日本経済新聞』1999年12月2日。
(2) *The Economist*, November 6th – 12th, 1999, pp. 17 – 21.

2 南東ヨーロッパの欧州化

　言うまでもなく，EUの対南東欧関与は経済的負担が大きく，永遠の作業になりそうである[1]。然も，援助のすぐ後に外国直接投資が続くものと既成の事実のように考えるのは甘い。南東欧諸国は，援助を最大限に利用して，政治と経済の変革に取り組まねばならない。これが大前提条件となる。それが結実してはじめて，直接投資が潤沢に流入するようになる。

　南東ヨーロッパの経済変革は，ユーロの適用を視野に入れたものでないと意味がない。南東欧諸国の通貨は総じて信頼性に乏しい。当該国民は自国通貨を信用していない。ユーロの導入は市民レベルで歓迎されよう。このことは当該国の中央銀行を廃止することを示唆する。南東ヨーロッパの各中央銀行の政策運営は，一般に適性を欠くので，それを廃止してもプラスに作用こそすれ，マイナスとはならないだろう。

　そして，南東欧地域の貿易と投資の自由化を推進していく必要がある。これにはEUとの関税同盟並びに自由貿易協定の締結がその基盤となる。

　要するに，南東ヨーロッパの真の欧州化を推進していく方向が望まれるのである。そのためには，具体的な欧州化のためのシナリオが要請される。欧州側は，NATOから助力を得て，治安の面で貢献すればよい。EUにとって，コストを最小限に抑える貢献策が求められてい

る。

註
(1) Benn Steil, Susan L. Woodword, A European "New Deal" for the Balkans, *Foreign Affairs*, November/December, 1999, pp. 95 – 105.

あとがき

　1999年は様々な意味で節目の1年であった。NATO設立50周年，中国建国50周年，冷戦終結10周年など数え上げると切りがない。そして，同年前半は，コソボ紛争で国際社会が奔走した。本書は，コソボ紛争とそこから噴出した南東ヨーロッパ地域の問題を分析の対象としている。

　コソボの将来の姿を描くことは大変難しい作業だけれども，敢えて本書を世に問うことにした。読者の皆様方からの厳しい御批判を参考にして，これからも南東ヨーロッパを含むロシア・中東欧の研究を深めていく決意である。

　なお，本書には以下の拙稿を収録している。

　「コソボ紛争の政治経済学的考察」『世界経済評論』1999年，12月号。

　「ボスニア・ヘルツェゴビナの経済復興——モザンビークとの対比」『ロシア・東欧学会年報第27号』（1999年4月）。

　「アルバニアの経済復興とクローム鉱の役割」『ロシア・東欧学会年報第26号』（1998年4月）。

　本書の刊行にあたっては，名古屋学院大学大学院教授・梅津和郎先生に大変お世話になった。この場をお借りして御礼申し上げたい。また，日本経済評論社の宮野芳一氏をはじめ，スタッフの皆様にお世話になった。御礼を申し上げる次第である。

　　　2000年1月　　　　　　　　　　　　　　　　　　　中津　孝司

著者紹介

中津孝司（なかつ　こうじ）
　1961年大阪府生まれ，84年大阪外国語大学外国語学部ロシア語学科卒業，87〜88年ユーゴスラビア・プリシュティーナ大学留学，89年神戸大学大学院経済学研究科博士課程単位取得，現在・大阪商業大学商経学部助教授
　主要著書
　『ロシア・CIS経済の変容と再建』（同文舘），『ソ連・東欧貿易経営論』（晃洋書房），『新生アルバニアの混乱と再生』（創成社），『アルバニア現代史』（晃洋書房），『21世紀ヨーロッパの産業と企業経営』（編著，晃洋書房）

南東ヨーロッパ社会の経済再建―バルカン紛争を超えて―

2000年2月20日　第1刷発行

定価（本体1700円＋税）

著　者　中　津　孝　司
発行者　栗　原　哲　也
発行所　㈱日本経済評論社

〒101-0051 東京都千代田区神田神保町 3-2
電話 03-3230-1661　FAX 03-3265-2993

装丁・鈴木　弘
版下・ワニプラン　印刷・平河工業社　製本・協栄製本

© NAKATSU Kohji, 2000　　　　　　　　Printed in Japan
ISBN 4-8188-1197-1　　落丁本乱丁本はお取替えいたします．

Ⓡ〈日本複写権センター委託出版物〉
本書の全部または一部を無断で複写複製（コピー）することは，著作権法上での例外を除き，禁じられています．本書からの複写を希望される場合は，日本複写権センター（03-3401-2382）にご連絡ください．

H. ケルブレ著　雨宮・金子・永岑・古内訳 **ひとつのヨーロッパへの道** —その社会史的考察— 　　　　　　A5判　300頁　3800円	生活の質や就業構造，教育や福祉などの社会的側面の同質性が増してきたことがEU統合へと至る大きな要因となったと，平均的なヨーロッパ人の視点から考察した書。　　　　(1997年)
国立国会図書館内EC研究会編 **新生ヨーロッパの構築** —ECから欧州連合へ— 　　　　　　四六判　332頁　3200円	ヨーロッパはひとつになれるか。「欧州連合」設立条約は統合にむけての前進であったが，その実現への道筋はどうか。21世紀のリーダーの地位を獲得できるか否か。　　　　(1992年)
内山秀夫著 **政治と政治学のあいだ** 　　　　　　四六判　290頁　2800円	政治はどこまで人間に近づけるか。国家の政治から，人と人をつなぐ方向に政治を再生できるのか。人間であるための学問を追究する著者が痛恨の歴史認識を背景に綴る。　　　(1998年)
林雄二郎・今田　忠編 **改訂 フィランソロピーの思想** —NPOとボランティア— 　　　　　　四六判　318頁　2500円	社会貢献活動＝フィランソロピーの思想，精神はどのようなものか。わが国に根づくのか。21世紀市民社会の重要な担い手としてのNPOなどの機能と役割を論ずる。　　　　　(近刊)
A. プシェヴォルスキ編　内山秀夫訳 **サステナブル・デモクラシー** 　　　　　　四六判　250頁　2800円	民主主義の定着・持続には政治機構の整備と機能発揮と共に，分配の平等と安定という経済的課題がある。東と南のシステムを如何に移転させるか。第一人者21人の共同研究。(1999年)
A. バドゥーリ／D. ナイヤール著　永安幸正訳 **インドの自由化** —改革と民主主義の実験— 　　　　　　四六判　240頁　2400円	自由化を迫られるインドは，いかなる理論に基づき，何を優先し，どのような経済社会を建設すべきか。インドがかかえる国際化・自由化への複合的課題は「先進国」にも共通する。(1999年)
D. サスーン編　細井雅夫・富山栄子訳 **現代ヨーロッパの社会民主主義** —自己改革と政権党への道— 　　　　　　四六判　281頁　2500円	いまEU統合の進むなかで，欧州各国の「社民党」は自己のアイデンティティを欧州プロジェクトと結びつけ，その強化を図りつつ，資本主義運営の公正なる再構築を目指す。　(1999年)
松下　洌著 **現代ラテンアメリカの政治と社会** 　　　　　　A5判　308頁　3800円	ソ連の崩壊，東欧の社会主義の壊滅にともなう冷戦構造の終結と世界的な民主化の潮流は，ラテンアメリカにどのような光と影を与えるか。やさしいラテンアメリカ入門。　　(1993年)
F. アトリー著　西川博史・石堂哲也訳 **アトリーのチャイナ・ストーリー** 　　　　　　四六判　384頁　3400円	マルキストだったが，戦後はマッカーシーとともに反共陣営で論陣を張り，のちに袂を分かったアトリー。アメリカの冷戦体制形成に加わりながら対中国政策の失敗を説く。　　(1993年)
D. ラスマッセン著　菊池理夫・山口　晃・有賀　誠訳 **普遍主義対共同体主義** 　　　　　　四六判　433頁　2900円	「普遍主義」と「共同体主義」という，現代社会を考察する際に不可欠な論争点を中心にしてラスマッセンが選び出した12の論文とハーバマスのインタビューからなる。　(1998年)

表示価格に消費税は含まれておりません